Blanca Lacasa Carralón

LAS HIJAS HORRIBLES

Libros del K.O.

PRIMERA EDICIÓN: octubre de 2023
SEGUNDA EDICIÓN: octubre de 2023
TERCERA EDICIÓN: diciembre de 2023
CUARTA EDICIÓN: marzo de 2024
QUINTA EDICIÓN: mayo de 2024

Calle San Bernardo 97-99, entresuelo 8
28015 Madrid

ISBN: 978-84-19119-40-7
DEPÓSITO LEGAL: M-28329-2023
CÓDIGO IBIC: DNJ, JFFK, JHBK
IMAGEN DE CUBIERTA: foto de la autora
ARTE FINAL DE CUBIERTA: Marcos Torres
MAQUETACIÓN: María O'Shea
CORRECCIÓN: Melina Grinberg y Zaida Gómez
IMPRESIÓN: Kadmos

El papel utilizado para la impresión de este libro ha sido fabricado a partir de madera procedente de bosques y plantaciones tratados con los más altos estándares de sostenibilidad, lo que garantiza una gestión de los recursos responsable con el medio ambiente y las personas.

IMPRESO EN ESPAÑA - PRINTED IN SPAIN

Las tipografías son League Gothic y Baskerville.

ÍNDICE

A mi madre, después de todo.

A mis hermanas, compañeras en esto.

LAS INTENCIONES

Cuando leí *Apegos feroces* de Vivian Gornick me escandalizó el flagrante parecido de aquella madre con la mía. Era mi madre, sí, pero también la de muchas amigas y de otras tantas conocidas. Frases calcadas, situaciones clavadas, desencuentros milimétricamente similares y un dolor extraño y pegajoso alarmantemente familiar. ¿Cómo era posible esa transversalidad? ¿Cómo podía ser que una mujer que me saca varias décadas, neoyorquina, judía y con el único nexo en común de la escritura estuviese contándome no solo la historia con mi madre, sino la de tantas mujeres de mi entorno con las suyas?

Poco después, se dio la circunstancia de que una noche me juntara con dos cuasi desconocidas y que, muy rápido, acabáramos hablando de nuestras progenitoras. Nos conocíamos de bien poco y, sin embargo, cuando surgió EL TEMA, aquello pareció brotar a borbotones de un lugar en el que llevaba demasiado tiempo estancado. Al principio y como siempre, según he podido comprobar después, con culpa, con vergüenza, con timidez; pero una vez abierta la veda, aquello resultó ser imparable. Una especie de pegamento más fuerte que cualquier pudor. Una necesidad de hermanarse en la aflicción, en la culpa, en el remordimiento, en la deuda eterna, y de dinamitar el secreto —esa ley, la del silencio, tan aplicada en el campo de la institución familiar y sus afectos—.

Algunos años más tarde, me reencontré con una de mis mejores amigas de mi solitaria infancia. Llevábamos varios lustros sin vernos. Unas vidas enteras. Y, sin embargo, las tres cuartas partes de la conversación —una vez hechas esas odiosas puestas al día— giraron en torno a nuestras madres. «¿Cómo puede ser?», me preguntaba ella con estupor. No tenía, no teníamos la sensación de que sucediera lo mismo —o al menos no con tanta frecuencia— en relaciones familiares entre hombres. Aunque, curiosamente, algunos de los chicos con los que hablé durante la escritura de este libro sí me testimoniaron de vínculos con sus madres ciertamente parecidos a los expuestos en las siguientes páginas. Pero siempre creí detectar un importante matiz diferenciador: en sus relatos, el comportamiento maternal sí guardaba algunas concomitancias con los que me transmitieron algunas de las hijas aquí entrevistadas, pero su manera de reaccionar ante dichos comportamientos distaba mucho del nuestro. Lo vivían de otra manera, más desapegada, menos intensa. Como si sintieran que ciertas demandas maternales no les eran del todo dirigidas, como si pudieran escamotearse con más libertad de esas exigencias desmedidas o como si tuvieran más libertad para mostrar su enfado. O como si, ¡qué cosas!, no hubieran sido educados en cierta tradición de los cuidados.

Una mañana lluviosa, en casa de otra amiga, contemplamos con asombro en el ya de por sí desconcertante reality de Tamara Falcó cómo una hierática Isabel Preysler acometía todo el rosario de dejes maternos que algunas madres vulgaris se gastan con su prole. Enarcar la ceja con indisimulada desconfianza ante los proyectos de su *niña* de cuarenta años, sostener en tono fraudulentamente jocoso que lo que TENÍA QUE HACER era volver a casa CON ELLA o asistir al bochornoso espectáculo (sobre todo cuando se observa el maquiavélico juego desde fuera) de una hija implorando desesperadamente —cuando no con un terror mal disimulado— la quimérica aprobación de una madre a todas luces imposible de contentar.

Sombras alargadas y omnipresentes. En no pocos casos, la figura de la madre parece constituir en su relación con las hijas un penoso enigma a resolver. ¿Qué extrañas fuerzas operan para que esa tensión irresoluble esté tan extendida? De verdad, ¿son todas tan iguales? Y nosotras, las hijas, ¿también nos asemejamos tanto entre nosotras? ¿Por qué, y a pesar del triunfante predominio del *padre ausente*, la figura paternal es, sin embargo, más laxa en sus márgenes, menos reglada, algo más difusa, mucho más diversa y, sobre todo, inmensamente menos traumática y angustiosa? ¿Por qué el vínculo entre madre e hija es considerado el más complicado de todos los que se dan en nuestra sociedad patriarcal? No caben las casualidades. Y menos pensar en el arquetipo de una madre neurótica fabricada en cadena junto a su problemática hija, probablemente también hecha en serie. O sí. Y quizá haya que buscar las causas, al menos algunas, para ese ejército de madres e hijas tan asombrosamente similares en razones ambientales, históricas, sociológicas, antropológicas, culturales, psicológicas o de cualquier otro orden. El mismo orden que conforma mentes, cuerpos y lo que se ponga por delante a favor de un mecanismo perfectamente engrasado, al que la obsolescencia programada aparenta no afectarle.

Porque sobre el lacerante y claustrofóbico tópico de la mala madre se erige el no menos culposo y paralizante de la hija horrible. Unos constructos que siguen funcionando increíblemente bien gracias a esa ley del silencio firmemente sostenida en la culpa. Si terrible es reconocerse como madre arrepentida, tal y como retrata la socióloga y escritora Orna Donath en

#madres arrepentidas[1] —un demoledor retrato de todas esas maternidades no tan deseadas, ni tan anheladas o, al menos, no del todo meditadas— peor es sentirse mala hija. La hija ingrata, desleal y desagradecida. La hija egoísta, olvidadiza y despiadada. La hija que decepciona, que defrauda y que hiere. La hija rebelde. Nos está prohibido cuestionar a nuestras madres. Y es nuestro deber y salvación respetarlas, idolatrarlas y darles gracias siempre y en todo lugar. Así que, en este contexto, ¿cómo nos vamos a atrever a hablar de esto? ¿Cómo nos hemos decidido a comentarlo, *sotto voce*, con algunas amigas, las más íntimas? ¿Cómo hemos osado susurrar en terapia que sí, que igual teníamos problemas con nuestras progenitoras? ¿Cómo hemos decidido romper este mutismo impuesto, el mismo que les hizo a ellas, nuestras madres, acallar ciertas penosas situaciones domésticas? ¿Cómo infringir el mandato divino de honrar a tu padre y a tu madre?

Un enfado monumental el que arrastramos las hijas, algunas, que no se pasa. Un enojo que puede contener trazas de arbitrariedad, pero también estar sobradamente justificado en no pocos casos porque ¿qué sabe nadie? Un equilibrio imposible que lo hace irresoluble, pero que como todos los cabreos es absolutamente inoperante, paralizante y desasosegante. Y que, además, en este caso concreto, funciona a modo de viscoso engaño haciéndonos permanecer justo en el lugar del que deberíamos salir cuanto antes: el de la mujer incapaz de construir(se) desde otro lugar que no sea el de la hija enfadada cargada de responsabilidades y culpas. Y desde ahí decidir qué hacer con la inevitable herencia y con esa gigantesca sombra proyectada sobre nuestras vidas, dónde colocarla y cómo relacionarnos con ella.

[1] Donath, O., *#madres arrepentidas*, Reservoir Books, 2016.

No en vano este fabuloso enredo es una de las causas más habituales de visita a la consulta psicológica. Una profunda herida tan estigmatizada socialmente que sigue siendo, para muchas, tabú inquebrantable. Un tabú que compartimos demasiadas y que, una vez más, funciona a la perfección para garantizar su subsistencia. Nada más operativo que la ocultación para sentir que eso solo nos pasa a nosotras. Y que, por lo tanto, somos raras, imperfectas y defectuosas y que hay que seguir escondiendo toda esa terrible pulsión a propios y extraños. Nada menos liberador que mantener el secreto para seguir alimentando la inútil ira y sentir que el problema es individual. Nuestro o de nuestra madre. Tanto da. Pero no, nunca, jamás, de un sistema que ha favorecido un caldo de cultivo para que todo esto suceda tal y como lo lleva haciendo décadas. No deja de resultar sorprendente que, por mucho que ciertas tesis de la filósofa Simone de Beauvoir resulten hoy —afortunadamente— un tanto superadas, la angustia que subyace en las relaciones madres-hijas difiera tan poco, setenta años después, de lo relatado en su ensayo *El segundo sexo*.

Un sistema que ha descontextualizado la maternidad hasta convertirla en una misión divina y, por lo tanto, irrealizable. Como si las madres fueran entidades superiores ajenas a cuanto las rodea. Con semejante panorama, resulta complicado no desarrollar un catálogo de complicaciones que van desde la culpa a la frustración pasando por el miedo, la rabia, el rencor, una implacable autoexigencia y toda clase de apegos no muy saludables cuyas consecuencias se ceban particularmente, como veremos a lo largo del libro, en las hijas. Aunque, como ya se ha dicho y conviene tenerlo en cuenta para todo lo que queda, estas dinámicas se repiten en otras muchas relaciones familiares. No es difícil encontrarse con esquemas muy parecidos en relaciones de padres e hijos y, sobre todo, de hijos con sus madres. Ahí está el demoledor libro *Mamá*, de Luis Antonio de Villena[2], que funciona casi a modo de alucinada plegaria a una madre muerta y que el propio autor define como «el recuerdo obstinado de un inigualable amor terrible que marcó —y marca— aún mi vida entera». En las siguientes páginas, nos centraremos en la relación entre madres e hijas, sí, pero habrá quien encuentre un reflejo de sus propias vivencias por mucho que no se encuadre en este binomio. Bienvenidas sean esas interpretaciones. Bienvenidos seáis todos.

Pero es innegable que parece cernirse una suerte de extraño fanatismo en torno a las figuras de la madre y de la hija, a lo que han de ser una cosa y la otra, a lo que deben representar y a cómo debe desenvolverse este nexo. Una iconografía perfectamente diseñada por hombres para mujeres y gloriosamente apuntalada, como ya veremos, por vehículos imbatibles tales como el cine.

Frente a esta estereotipada visión se alza una historia oral, la nuestra. Y en este intento de transformar la tradición verbal en escrita se inscribe este libro que parte de escuchar, observar y trazar los hilos invisibles que dibujan todas esas historias. Abundando en este relato hablado, en las siguientes páginas se recogen los testimonios de algunas hijas. Todos anónimos (ningún nombre corresponde al real y cualquier detalle excesivamente personal o concreto ha sido omitido) en aras a reforzar el espíritu de arquetipo que subyace en cada una de esas voces. Porque ¿qué mejor que hablar con ellas, las hijas, para intentar clarificar todo este embrollo? ¿Qué mejor que escucharlas a ellas? ¿Qué mejor lugar para indagar que recurrir a la fuente misma? ¿Qué mejor que darnos ese espacio

[2] De Villena, L. A., *Mamá*, Cabaret Voltaire, Madrid, 2018.

que tantas veces nos hemos negado por miedo, vergüenza o culpa? ¿Qué mejor que atrevernos a contarlo fuera de los supuestos circuitos ideados a tal fin? Aquí hay hijas que han contado lo que solo saben sus terapeutas, hijas que han llorado recordando o verbalizando, hijas que casi por vez primera han osado armar un discurso que, en algún momento, les ha resultado dolorosamente incómodo. Pero, valientes, lo han hecho. Cada una con sus historias. Todas diferentes en los detalles, en las procedencias, en los microcontextos, incluso en las generaciones. Pero, curiosamente, se han repetido frases idénticas, ideas exactas y emociones análogas. Casi intercambiables. Inquietantemente intercambiables. De nuevo, un sospechoso paralelismo. Habrá, afortunadamente, muchas, muchísimas hijas y otras tantas madres que escapen a este patrón, que como todo esquema pecará de reduccionista y de generalista. No se trata aquí de decretar una universalidad (si es que eso existe) o de establecer una tipología definitiva y determinante de cómo operan los afectos entre madres e hijas. Tan solo es un intento de evidenciar de dónde vienen esas pautas tan extendidas, esos modelos de comportamiento tan generalizados. Solo entendiendo, el dolor amaina y se abre una posibilidad de reconciliación. Y quizá trasladando el desolador cuerpo a cuerpo a un siempre más llevadero problema sistémico podamos salir de este enconamiento tan estéril.

¿Por qué parece que la ligazón madre-hija es no solo irrompible, sino, aún peor, inmutable? ¿Por qué nos cuesta tanto a nosotras romper el cordón umbilical? ¿Por qué les cuesta tanto a ellas dejar de ser madres de niñas? ¿Tan primitiva, tan animal es esta unión? ¿Por qué resulta tan difícil llevar el vínculo a otro lugar, más sano, más ligero, menos tenso, y, en definitiva, más adulto?

Este libro es un intento de explicar, de explicarnos, de reconocernos, de encajar y de admitir. Acaso y también, de aceptar y de renunciar. Como sucede en casi cualquier otro asunto, solo contextualizando, dinamitando las expectativas (esas que, en el fondo, están lejos de ser nuestras), cuestionando —casi todo— y atravesando capas de enquistamientos podremos llegar a convivir. Descubriendo las soterradas causas y exorcizando los demonios heredados. Y hacerlo por y desde nuestra condición de hijas. Igual ya es hora de abandonar la confrontación madre-hija y trascenderla excavando los cimientos. Para, una vez entendidos los mecanismos, ser capaces de dejar de poner el foco en ellas, nuestras madres, y abandonar esa costumbre tan patriarcal de juzgar y cuestionar a las mujeres. Hicieron lo que pudieron y como pudieron.

Quizá la única manera de llegar a entender qué sucede ahí pase por enmarcar las maternidades de nuestras progenitoras en su momento histórico y social y reconocer que, mal que nos pese, es bastante probable que también nosotras hayamos sido parte damnificada en esto de mirarlas a ellas desde donde no debíamos. Para comprendernos a nosotras y desenmarañar esta broza no queda más remedio que hablar de ellas, alejarlas del canon de excelencia, reubicarlas y desde ahí volver a pensarnos desde una óptica distinta. Reflexionar sobre todo esto sin detenernos previamente en ellas es sinónimo de seguir atrapadas en las mismas dinámicas inertes en las cuales hemos zozobrado con tanta frecuencia, prosperar en la cólera, ahondar en la queja y permanecer en nuestro metro cuadrado de disgusto. Igual es momento de dejar a un lado nuestras arrolladoras emociones que tanto nos han lastrado en este terreno de juego, distanciarse para poder enfocar mejor y abandonar ese inevitable, pero a veces traicionero, ensimismamiento. Solo salir de las procelosas aguas de nuestra subjetividad en las que tantas veces hemos naufragado puede servir para aclarar todo este follón. Si no del todo, al menos lo suficiente como para apartarse un poco del centro del dolor. Aunque solo sea para tomar aire.

A dibujar ese escenario teórico han ayudado las voces de algunas expertas entrevistadas para este libro. La filósofa y escritora Carolina del Olmo, la socióloga Marta Domínguez Folgueras, la psicóloga sanitaria y directora del centro Mensalu Lucía Fernández Peinó, la psiquiatra infantil y perinatal Ibone Olza, la historiadora Matilde Peinado y la politóloga especialista en igualdad de género Priscila Retamozo han sido las encargadas de despejar dudas sobre contextos culturales, históricos, sociológicos y psicológicos en torno a este enjambre de cuestiones que se abre ante nosotras.

Probablemente las siguientes páginas arrojen más preguntas que respuestas. El viaje, al final, es único. Parte del mío acaba aquí. Ha sido intenso, emocionante, agotador, doloroso pero, sobre todo, valioso.

LA PALABRA

El desdichado término *hijidad*, de pura invisibilidad, ni siquiera aparece recogido por la Real Academia de la Lengua Española. Siendo la jurídica *filiación* la palabra que más se le acerca, resulta cuando menos llamativo que no exista una voz ex profeso para referirse a la ineludible condición de hijo, probablemente la única que compartamos todos los seres humanos. Frente a los 127 millones de entradas relativas a la *maternidad* y a los casi 25 concernientes a la *paternidad*, existen en Google algo más de 600 raquíticas menciones vinculadas a ese vocablo fantasma que es la *hijidad*.

Esquivando seductores jardines lingüísticos, ¿qué significa ser hijo? ¿Qué constituye la hijidad? ¿Qué identidad nos otorga? Solo por el hecho de que todos lo seamos, ¿esta condición no encierra ningún significado autónomo o lo suficientemente relevante para tratarlo como una realidad emancipada?

Y es que hay madres fantásticas, de manual (signifique esto lo que signifique), agobiantes, benevolentes, ominosas, abnegadas, amantísimas. Las hay malas, desnaturalizadas, tóxicas, simbióticas, narcisistas, sacrificadas. Controladoras, absorbentes, manipuladoras, celosas, sobreprotectoras. Algunas variedades son francamente creativas, como la de la madre estrella o la de la madre carabina. Existe incluso la horrorosa catalogación de «madre nevera». Un turbador invento del psicoanalista austriaco Bruno Bettelheim[1] que, allá por los sesenta, apuntaba como culpables del autismo infantil a las madres poco afectuosas (refiriéndose a ellas, en un dudoso juego de palabras, como poco «calurosas», de ahí lo del frigorífico). A pesar de haber sido desmontada en la década de los setenta, la perversa teoría sigue presente en cierto relato común y es otra prueba fehaciente de todos esos engranajes que arman el descrédito y la culpabilización de la figura materna.

Si pensamos en el imaginario acuñado de padres, las categorías que se nos vienen a la mente suelen ser más reducidas y menos elaboradas. Padres maravillosos, ausentes, permisivos y autoritarios. Negligentes y enrollados.

Y luego hay hijos. Buenos y malos. Caín y Abel.

Para ser casi ocho mil millones de hijos en el mundo, la clasificación es tan exigua como aburrida.

Una simplificación que afecta a la naturaleza misma de la hijidad. Ante la indiscutible dificultad de la maternidad o de la paternidad, ser hijo se presenta como un asunto relativamente fácil y cómodo[2]. O eso nos han repetido hasta la saciedad. Quizá haya llegado el momento de deshacer este mito[3].

Obviando su carácter de obligatoriedad —ser hijo es un imperativo—, la hijidad, al menos en sus inicios, es cualquier cosa menos adulta. Así, es defendida por un niño sin herramientas que tiene que lidiar, en muchas ocasiones, con neurosis de mayores cuyo rastro conseguirá borrar, con suerte

[1] El tal Bruno se suicidó en 1990. Tras su muerte, aparecieron acusaciones de plagio, falsificación de credenciales o abusos físicos y sexuales a sus pacientes… Sigue considerado como uno de los psiquiatras y psicólogos más influyentes del siglo XX.

[2] Por supuesto, estamos hablando de casos en los que de ninguna manera se producen situaciones de maltrato o abusos infantiles.

[3] ¡Si hasta Disney se ha atrevido con *Red* (2022), la película de Domee Shi que bucea, y no precisamente de manera inocua, sobre ese juego de fuerzas existente entre madres en alerta e hijas que quieren ser libres!

y con posibles, peregrinando por consultas psicológicas. Y quizá esta sea la gran tarea del hijo: domeñar, si los ha habido, los traumas familiares para impedir que se perpetúen ad nauseam. Nuestros padres también algún día fueron hijos y probablemente también ellos arrastren ciertas dudosas herencias educativas que, seguramente y a su vez, les vengan de la generación anterior. Y así hasta el infinito y más allá...

En 1962, el intrépido Aldous Huxley se aventuraba a contradecir semejante cuestión irrevocable en *La isla*[4]. Una distopía en la que el escritor cuestionaba, sin miramientos y desde la hijidad, la institución familiar dinamitando todas las convenciones que pululan alrededor. Huxley no dudaba en calificar a la familia, la nuestra, como excluyente, predestinada y compulsiva. Una prisión regentada por un solo grupo de carceleros —los padres— del que los prisioneros —los hijos— saldrán, con fortuna, más o menos indemnes si dichos carceleros son buenos y sabios. Pero no todos lo son: los hay, en palabras del escritor, estúpidos, frívolos o directamente malévolos. Para semejantes casos, proponía los Clubs de Adopción Mutua, un sistema que posibilitaba al infante huir, emigrar a otros hogares si el de origen se volvía absolutamente insoportable. Elegir. Las familias se convertían así en instituciones grandes, abiertas, incluyentes y, sobre todo, voluntarias. Huxley, lejos de arredrarse por estar haciendo tambalearse los pilares de nuestra civilización, llegaba hasta el sanctasanctórum cuestionando el papel de las madres en todo esto. «En nuestra parte del mundo, *madre* es estrictamente el nombre de una función. Cuando la función ha sido debidamente cumplida, el título desaparece; el ex hijo y la mujer que podía ser denominada *madre* establecen un nuevo tipo de relaciones. Si se entienden

[4] Huxley, A., *La isla*, Edhasa, 1986.

bien, continúan viéndose a menudo. Si no, se separan. Nadie espera de ellos que se aferren el uno al otro, y ese aferrarse no es un equivalente del amor…, no es considerado como algo particularmente digno de mérito». Huxley esboza aquí dos de las grandes cuestiones que afectan a las relaciones maternofiliales y sobre las que volveremos más adelante: lo pernicioso de núcleos familiares reducidos en los que todo el peso recae casi exclusivamente en los dos únicos progenitores (que en la práctica, al menos en nuestra sociedad, se reduce a uno, la madre); y la dificultad de trasladar la relación madre-hija al marco de la adultez con el paso de los años.

De todo esto se traduce la imperiosa obligación de, como sostiene el psicólogo clínico Oliver James en *Te joden vivo. Cómo sobrevivir a la familia*[5], comprender cómo nos educaron nuestros padres y hacerlo desde nuestra maltrecha e ignorada condición de, en nuestro caso, hijas. Pero no por una sed de revancha, no por un impulso meramente revisionista y probablemente tramposo, mucho menos por un ansia culpabilizadora, o por quedarse ahí inmovilizadas corriendo el riesgo de no asumir que las riendas de todo esto son nuestras. No. Al fin y al cabo, y como bien recuerda James, conviene no perder de vista que puede que tus padres te hayan jodido la vida, sí, pero también a ellos les jodieron en su día. La cuestión es que, nos guste o no, «los padres viven en nosotros»[6].

Y de todas esas pervivencias, la huella materna es la más acusada. Los motivos, otra vez, son de una sonrojante obviedad. Uno, porque en eso de que nos *jodan* la vida, por seguir

[5] Siendo el libro del controvertido Oliver James, el resultado es tan discutible en algunas cuestiones como revelador en otras. Interesante para quienes se pregunten qué carajos ha pasado y deseen, en la medida de lo posible, que su descendencia no se haga la misma machacona pregunta en el futuro. Recomendable para quienes en la discusión «nature versus nurture» se posicionen, sin dudarlo, en el segundo grupo.

[6] James, O., *Te joden vivo. Cómo sobrevivir a la familia*, Global Rhythm, 2007.

con el léxico jamesiano, a las mujeres no nos gana nadie. Y dos, porque las madres ostentaron —y siguen haciéndolo— la mayor carga emocional (la mental la damos por tristemente supuesta) en nuestra educación. Se llama cultura de los cuidados, se escribe, según parece, en femenino, y es de la que emana el apego con todo lo que ello implica. Un kilométrico muro de las lamentaciones al que acudir una y otra vez en busca de culpables, ajustes de cuentas o juicios sumarísimos. La maternidad convertida, según la crítica literaria Jacqueline Rose, en «el último chivo expiatorio de nuestros fracasos personales y políticos, de lo que está mal en el mundo» y, finalmente en la culpable «tanto de los males del mundo como de la rabia que provoca siempre la decepción inevitable de una nueva vida»[7]. Si las madres son las que han cargado tradicionalmente con el peso de unos infravaloradísimos cuidados familiares, si algo sale mal, que va a salir, ya se sabe a qué ventanilla acudir. Por lógica aplastante, si nuestros primeros deseos han estado siempre articulados en torno a la madre, será ella quien desilusione. La trampa se establece aquí, como sucede en algunos contratos, en la letra pequeña. Subrepticiamente, la cultura patriarcal parece haber hecho de una cuestión biológica (ser madre) un cometido social realizado en exclusividad por las mujeres y, para colmo de males, absolutamente denostado. Una confusión entre naturaleza y cultura que parece lejos de clarificarse. Y bajo los dictados de ese gravoso constructo cultural se cimenta una ambivalencia difícil de suprimir que oscila con sorprendente ligereza entre el amor y el odio. Y como a veces echar la vista atrás ayuda a entender, aquí va este fragmento que podría ser hasta cómico si no fuera espantoso:

[7] Rose, J., *Madres. Un ensayo sobre la crueldad y el amor*, Siruela, 2018.

En los primeros cuarenta, René Spitz había identificado las «enfermedades psicotóxicas de la infancia» en las que «la personalidad de la madre actúa como agente provocador de la enfermedad». Actitudes maternas como la «sobrepermisividad ansiosa primaria», decía, eran causantes del cólico al tercer mes: la «hostilidad con apariencia de ansiedad manifiesta» era responsable del eczema infantil; la «oscilación entre los mimos y la hostilidad», del balanceo de los niños; los «cambios cíclicos del estado del ánimo de la madre», del juego fecal y la coprofagia; y la «hostilidad materna conscientemente compensada», de la hipertimia del niño[8].

¡Ni una enfermedad infantil sin un origen materno!

Pero ¿por qué ser madre, algo que si se piensa bien, y tal como apuntan algunas autoras, es un privilegio biopsíquico, se ha transformado en una especie de maldición bíblica? ¿Cómo algo que podía haber constituido «un signo de superioridad se ha convertido en una sede de normas, exigencias, deberes y, consecuentemente, también culpas, inseguridad, sentimientos de inadecuación»[9]? Y, sobre todo, si la reproducción era de tan vital importancia para la pervivencia de la sociedad, ¿cómo las mujeres no eran las reinas de la tribu?

Quizá la trampa ya asome en ese misterio, en esa mística de la maternidad que según Simone de Beauvoir hace aparecer a las madres, a los ojos de los niños, como figuras dotadas del poder mirífico de las hadas. Colocar a las madres en ese pedestal de omnipotencia, deidad y perfección, lejos de hacerlas más poderosas, las vuelve más frágiles. Porque, obviamente,

[8] Eyer, D. E., *Vinculación madre-hijo. Una ficción científica*, Herder, 1995.
[9] Rose, J., *op. cit.*

más dura será la caída. Y la que fuera diosa todopoderosa mutará en objeto de ira, rencor y hostilidad filial. Por todo aquello que se esperaba y que finalmente nunca llegó o, al menos, no como una deseaba. La inexorable lógica de las expectativas haciendo su trabajo. Estando el papel de los padres dibujado con menos claridad, la posibilidad de escapar indemnes y eludir el ingrato papel de blanco de frustraciones futuras es entre probable y muy alta. Y que nadie piense que toda esta parafernalia no nos ha afectado o no lo sigue haciendo también a nosotras, hijas, a la hora de evaluar la figura materna de nuestro pasado, presente y futuro.

Pero ¿qué es ser hija?

> Lo primero que me ha venido a la cabeza al pensar en mi condición de hija es la deuda. Una sensación de deuda que ha ido creciendo en los últimos años, y que en el caso concreto de la relación con mi madre adquiere muchísima importancia.
>
> Gabriela[10], 44 años, un hijo, un hermano.

> Para mí, ser hija representó algo en el pasado. Ahora es mucho menos relevante. Hace unos cuatro o cinco años, cuando por fin conseguí romper el cordón umbilical, me coloqué en una posición de adulta, de igualdad respecto a mis padres. Me importa lo que piensen, claro, pero no más que la opinión de otras personas. Ha sido una de las grandes liberaciones de mi vida.
>
> Ana, 44 años, un hijo, un hermano.

[10] Como se ha dicho anteriormente, ningún nombre corresponde al real. Al igual que se ha prescindido de cualquier dato demasiado específico por preservar el anonimato pero también por ser irrelevante. Lo importante aquí es señalar el arquetipo que emana de cada uno de estos testimonios.

Imagino que ser hija es lo que ha constituido, en primera instancia, mi identidad, quién soy, cómo y por qué. Para lo bueno y para lo malo. Y para lo malo, nunca se deja de ser hija. Porque intentar deshacer los nudos y desprenderse de los aprendizajes que estorban, y hacerlo desde un lugar que no sea el rencor es una tarea que, desgraciadamente, nunca acaba del todo. En relación a mi madre, ser hija es sinónimo de frustración. La derivada de no haber sido la hija que ella quería convirtiéndose así, también ella, en la madre que yo tampoco deseaba. Pero, por alguna fuerza sobrenatural, mantenemos el vínculo; muchas veces, por encima de nuestras posibilidades.

Alejandra, 48 años, sin hijos, tres hermanas.

Ser hija es una gran responsabilidad. En mi caso, trato de mantener el equilibrio entre cumplir con mis expectativas —aquellas que tengo como persona independiente y desligada de mi madre— con las suyas. En muchos momentos, ser hija ha pasado exclusivamente por dejarme cuidar, recibiendo yo todo. Ahora, cuando han surgido ciertos conflictos, he sido más consciente de mi papel y del suyo. Y sí hay una parte de deuda que, al mismo tiempo, se produce desde la rebelión. Mi madre es la persona que más me importa del mundo y quiero que esté contenta conmigo como hija, pero según mis coordenadas. Me he dado cuenta de que los suyos son inadecuados y me pueden dañar a la hora de desarrollarme, por mucho que de niña funcionaran perfectamente. Y desde ahí dialogar, conversar, hacerme entender y ajustarnos. De eso van las relaciones, ¿no?

Paula, 32 años, sin hijos, una hermana.

> No soy capaz de definir qué es o qué ha sido para mí ser hija. Pero ahora que, de repente, mi madre ya no está, el otro día me decía a mí misma: «es que ya no soy hija». Y es una sensación extrañísima.
>
> Manuela, 46 años, sin hijos, un hermano. Madre fallecida.

> En mi caso particular y no quiero decir que todas las hijas desempeñen este papel, ser hija ha sido y sigue siendo, en cierta medida, ser la cuidadora de mi madre. Y creo que de ahí viene mi obsesión con los cuidados, con cuidar casi por defecto.
>
> Rita, 46 años, sin hijos, tres hermanos.

> Para mí, ser hija ha sido ser madre. Por mi historia personal, supone haber desarrollado un tempranísimo rol de madre en el que me he sentido responsable de mis hermanas y de mi propia madre. Y siempre con el afán, aún hoy, de ser hija, de haberlo querido ser y no haberlo podido disfrutar.
>
> Lea, 45 años, sin hijos, dos hermanas.

Lea —cuya presencia materna empezó a ser complicada a partir de los siete años, cuando fallece su padre, intermitente a partir de los once, cuando aparece otro hombre en la vida de su madre, y se convierte en ausencia a partir de los catorce, cuando su madre las abandona definitivamente— ha sido una de las que más claro tenía qué era ser hija. Quizá, precisamente, por no haberlo podido ser y haber basado toda su hijidad en una ilusión más que en una realidad.

El resultado de la *encuesta* se asemeja más a un revoltijo de deudas, responsabilidades, expectativas, lazos indisolubles, cuidados impuestos y precoces y afanes insatisfechos que a un sentimiento medio reconocible. Es tan confusa la cuestión que muchas de las preguntadas fueron incapaces de responder. No supieron cómo definir algo que llevan siendo, viviendo y, en algunos casos, sufriendo desde que nacieron. Mudas ante ellas mismas. Paralizadas ante ese estado que nos viene dado por defecto y al que, por lo tanto, parecería una frivolidad prestarle demasiada atención. Una frivolidad que, sin embargo, ha sido vampirizada en no pocas ocasiones como inspiración de relatos escritos. Desde la ya mencionada Vivian Gornick hasta Elena Ferrante pasando por Esther Tusquets, Delphine de Vigan, Annie Ernaux, Edith Wharton o Simone de Beauvoir, un larguísimo etcétera de autoras han hurgado en el imperecedero cordón en busca de respuestas. Y una frivolidad que, según la poderosísima escritora Jeanette Winterson, autora del esencial para cualquiera que esté indagando en la cuestión que nos ocupa *¿Por qué ser feliz cuando puedes ser normal?*, constituye el primer trauma de una larga lista de ellos. La herida inicial. «Nacer es ya una herida. La sangre menstrual tenía un significado mágico. La llegada del bebé al mundo desgarra el cuerpo de la madre y deja la cabecita todavía suave y abierta. El niño es una cura y un corte. El lugar de lo perdido y lo encontrado»[11].

Enmarcados como estamos en una sociedad patriarcal que divide entre reproducción y producción, lo doméstico frente a lo público, la inmanencia femenina en contraposición a la trascendencia masculina, la omnipresencia materna se ha fijado con especial esplendor en las hijas. Para Ibone Olza, psiquiatra infantil y perinatal, es evidente:

> Claro, es por puro espejo de nosotras con nuestras hijas, pero también de nuestras madres con nosotras. Hay un tema de

[11] Winterson, J., *¿Por qué ser feliz cuando puedes ser normal?*, Lumen, 2020.

proyección muy evidente que no se da con los hijos varones. Las niñas siempre, queramos o no, hacemos un poco de reflejo de nuestras madres. Y ahí es donde afloran, en muchas ocasiones, discursos generacionales. Cosas como la idea que tenían nuestras madres de lo que era una niña y la idea que seguimos teniendo nosotras de lo que tiene que ser una niña... Y me atrevo a decir que es algo cultural. Me cuesta pensar que haya una razón biológica.

Al hilo de esta suerte de peligrosa confusión entre madres e hijas, hijas y madres, la escritora Sheila Heti lanza en su libro *Maternidad*[12] una poderosa pregunta al aire: «¿Qué diferencia hay entre ser una buena madre y ser una buena hija? En la práctica, muchas; en lo simbólico, ninguna». Y es en ese enrarecido juego de paralelismos donde encajan a la perfección todas las ideas acerca de la madre considerando a la hija como su prolongación. Una especie de miniyó que Simone de Beauvoir, otra vez ella, ya destripó en 1949, con su teoría de la doble en *El segundo sexo*. Lo que viene a decir básicamente la autora es que la madre siempre verá en su hija una doble. La querrá, claro, y mucho, pero también desarrollará hacia ella una cierta rivalidad y hostilidad imponiéndole así su mismo destino. Una manera de reivindicar su feminidad, pero también de vengarse. Así, la escritora no duda en equiparar este proceso de proselitismo con el de [sic] pederastas, jugadores, drogadictos y todos aquellos que se jactan de pertenecer a una cofradía sintiéndose al tiempo abochornados de militar en dichas filas. Siempre siguiendo con la teoría de la doble, lo que una madre buscará en su hija es un duplicado. Incluso cuando la madre sea generosa y escape a esta aterradora

[12] Heti, S., *Maternidad*, Lumen, 2019.

hipótesis, tenderá a hacer de su hija una «mujer mujer». Y lo hará por pura prudencia, por genuina bondad, para que la niña encaje mejor en los estándares sociales. De ahí esa educación basada en el miedo, en ciertos mandatos colectivos y en unos extenuantes parámetros de perfección que la mayoría de las entrevistadas para este libro han manifestado. Por eso, la escritora, psicóloga y activista Victoria Sau no vacilaba en calificar la relación madre-hija como la más enajenada de todas las que se dan en las sociedades patriarcales, «porque es una relación donde la madre tiene como deber convertir a su hija en una oprimida y además debe hacerlo por amor, y en retribución por hacer eso debe pedir amor. La madre debe hacer de su hija un ser obediente, cumplido, omnipotente, impotente, cuidadora, linda, perfecta, magnífica, inteligente, capaz»[13]. El problema empieza o acaba de estallar cuando, en este tipo de relación (que, insistimos, no son todas), la hija decide construirse una alteridad, manifestar un álter ego, afirmar su independencia con respecto de su madre, quien vivirá todo este proceso como la más alta de las traiciones. Su miniyó se le escapa, ya no obedece a su voluntad, se ha convertido en una criatura ingrata. Una afrenta a la que si no se le pone remedio quedará enquistada por siempre jamás.

> Recuerdo una vez que nos encontramos con una amiga de mi madre. Me preguntó que dónde trabajaba. Le respondí que en tal sitio y cuando la señora en cuestión estaba diciendo: «¡Ah, qué bien!», mi madre la interrumpió para soltar: «A mí me gustaría más que estuviera en tal lugar o en tal otro que es mucho más serio y ajustado a sus capacidades».

[13] Propósitos de Victoria Sau recogidos en *Para mis socias de la vida* de Marcela Lagarde y de los Ríos, Horas y Horas, 2005.

> Me quedé alucinada. No solo estaba hablando de mí como si yo no estuviera delante, sino que lo hacía para proyectar en mí sus deseos sin pararse a pensar que igual yo estaba felicísima en ese empleo que a ella le parecía insuficiente. Cuando se lo comenté a posteriori, me dijo que no había entendido nada, que en realidad ese comentario indicaba lo mucho que me valoraba...
>
> Alejandra, 48 años, sin hijos, tres hermanas.

Hijas destinadas a satisfacer los sueños frustrados de sus madres o a convertirse en réplicas exactas de un modelo agotado y madres colocadas en un lugar ideal imposible de sostener. Es fácil entender que con semejante arquitectura la lista de emociones que se va a extender ante nuestros ojos va a ser de todo menos sencilla de manejar. Rencor, culpa, rivalidad, dominio, frustración, dependencia... Y todo ello encuadrado en una especie de amor feroz que como explica Lucía Fernández Peinó, psicóloga sanitaria y directora del centro Mensalu, «no es amor, es un tipo de vinculación que puede generar enfermedad, lo practican las madres narcisistas» y provoca una ambivalencia insostenible.

Un caso extremo de estas maternidades enfocadas casi exclusivamente a la autorrealización de la madre es el de Hildegart Rodríguez Carballeira, una joven abogada concebida por su madre, Aurora Rodríguez Carballeira, con una misión muy concreta: encabezar la lucha feminista. Para ello, le estaba terminantemente prohibido enamorarse o tener contacto con hombres. Vulnerar dicho mandamiento le costó la vida. Hildegart murió asesinada por su madre el 9 de junio de 1933. En 1977, Fernando Fernán Gómez adaptaba al cine tan luctuoso suceso en *Mi hija Hildegart*. Una película que trazaba con toda la crudeza imaginable el retrato de una madre castradora y despiadada, que marcó los designios de su hija antes incluso de que esta hubiera venido al mundo («Tenía que ser una niña, una mujer sana de cuerpo y alma, guiada certeramente desde antes de nacer, capaz de realizar la gran idea que yo por mi falta de preparación no podía llevar a cabo»). Por supuesto, haciendo de la fusión con su hija, religión («Estábamos tan identificadas que éramos una sola y única persona») e incapaz de tolerar la emancipación («Antes no eras capaz de dejarme sola, ahora te estorbo») de su posesión más preciada («Era mía, solo mía. Hilde estaba decidida a abandonarme a mí, que era ella misma. Todos mis sueños, mis esperanzas se derrumbaban»). Frente a ella, una hija sometida («Sí, mamá, eso es lo que has conseguido, que te tenga miedo») que ve cómo su opinión cuenta menos que cero («¿Mi camino? ¿Cuál es mi camino? ¿El que decidas siempre tú?»). La madre fagocitando a la hija, pero amparándose en un absurdo sacrificio como circunstancia eximente:

—No tienes derecho a hablarme así. Todo lo que he hecho en la vida, todo, lo he hecho por ti. Sacrificándome yo.

—¿Estás segura? ¿No será al revés?

Llegados a este punto, conviene pararse un momento y recordar la teoría de Freud, tan anacrónica y, sin embargo, aún presente en la construcción de todo este mapa emocional, del porqué de esta hostilidad madre-hija y que tiene que ver con ¡la envidia de pene! Según el neurólogo, la hija no puede soportar que la madre la haya hecho anatómicamente defectuosa, privándola del codiciado miembro. Esto desembocaría en un hondo desengaño que la llevaría a odiar a su madre por haberla dotado de aquella manera. La madre sería así la única (otra vez) responsable de esta injusticia natural, permaneciendo los hombres —padres— a salvo de cualquier rencor e inquina. Quizá esta tan famosa envidia de pene no sea más que, como bien apuntó ya en su momento la psicóloga Karen Horney, coetánea de Freud, el profundo resentimiento por no poder acceder a determinadas posibilidades y roles sociales. Una construcción que, de nuevo, tiene más que ver con factores culturales que con cuestiones fisiológicas o biológicas y que se resume en una palabra fácil y sencilla: desigualdad. ¿Deseos de equidad? Sí. ¿Envidia de pene? Pues igual no. Rizando el rizo, Horney afirmó que en todo caso serían los hombres quienes sentirían «envidia de útero» por haber sido privados por la naturaleza del don de dar a luz.

Dejando a un lado celos, celitos y pelusillas, lo cierto es que se ha escrito no poco sobre el enfrentamiento entre hijos y madres. Un enfrentamiento que se hace sintomáticamente más espeso si los vástagos son femeninos. La gran escritora Elena Ferrante, mente preclara en esto de las luces y las sombras que habitan en las relaciones entre madres e hijas, califica el amor entre ambas como «el amor molesto». El primer amor molesto, de los muchos no del todo cómodos que vendrán después, y el único amor-conflicto que dura para siempre jamás. También Nancy Friday (responsable del en su día best seller *Mi madre/Yo misma*) es consciente de este afecto que funciona casi a modo de deformante espejo: «No hay en el mundo dos personas que tengan semejante ocasión de apoyarse y de identificarse la una con la otra, y sin embargo, ninguna relación humana es tan recíprocamente restrictiva»[14].

Para desafiar tan funestos presagios, no queda más remedio que abrir el melón sorteando la culpa, amordazando el silencio, huyendo del presentismo y del ensañamiento, pero también

[14] Friday, N., *Ma mère, mon miroir*, Éditions Robert Laffont, 1979.

resistiendo la inevitable tentación de preservar a nuestros progenitores. Tentación esta que, en gloriosa alianza con la culpa, con frecuencia nos atenaza. Como bien dice James, este bloqueo es un impedimento importante para reflexionar sobre nuestra identidad. «La gran dificultad al afrontar la verdad sobre cómo nos cuidaron nuestros padres radica en nuestra voluntad de protegerlos: podemos odiarlos, pero también los queremos»[15]. Parece existir una cierta resistencia a aceptar un relato más o menos sincero sobre quiénes somos y, sobre todo, sobre cómo fueron nuestras infancias. Quizá por la equivocación imperante en confundir «comprender» con «juzgar». Identificar, prosigue James, a los padres como figuras, en algunos casos, perjudiciales, aunque también constructivas, no debería ser sinónimo de convertirlos en culpables de nuestras existencias o sumirnos en inanes bucles mentales. «La comprensión no es lo mismo que la autocompasión»[16]. Y, seguramente, esta afirmación sirva para casi todo en la vida.

Puede que finalmente ser hijo sea, sobre todo, intentar hacer algo con lo heredado, moldeándolo de la mejor de las maneras. Y, probablemente, ello pase por entender, o al menos hacer el ejercicio de intentarlo. Y así poder defender una indispensable otredad sin la cual es más que improbable construir algo. La psicóloga Lucía Fernández Peinó afirma:

> La clave es buscar la distancia o cercanía afectiva en la que puedas relacionarte con tu familia. En esas relaciones tan primarias es vital que la diferenciación vaya ocurriendo progresivamente desde la infancia. Las personas están sanas cuando no hay una mimetización con la personalidad, los valores

[15] James, O., *op. cit.*
[16] James, O., *op. cit.*

> y las necesidades de los progenitores en la edad adulta. Puedes tener rasgos en común con tu madre, pero las madres deben dejar ser a las hijas, entendiendo que tengan necesidades y formas de hacer distintas a las suyas. Esto, en algunas madres con heridas narcisistas no se da, ni se respeta. Como consecuencia puede generar mucha culpa en las hijas. Suelen pensar: «si hago esto o aquello, mi madre se disgustará, no puedo verla llorar, sufrir… por mi culpa». La diferenciación es un proceso que se inicia en la infancia y culmina en la adultez. La cuestión es que en personas con algún tipo de trastorno o muchos problemas de apego, este proceso no se completa.

Robándole la imagen al Nobel de Literatura Maurice Maeterlinck, se trata de «evadirse de la sombra materna». En su precioso libro *La inteligencia de las flores*, el autor expone que en el reino vegetal, contrariamente a lo que sucede en el animal, «y a causa de la terrible ley de la inmovilidad absoluta, el primer y peor enemigo del grano es la cepa paterna. Se trata, en efecto, de un mundo extraño donde los padres, incapaces de desplazarse, se saben condenados a matar de hambre o asfixiar a sus retoños»[17]. Así, las semillas se han inventado mil maneras de escapar a esa letal figura paterna. Desde la diseminación hasta la propulsión pasando por la aviación. Un sinfín de esforzados métodos para «sacudirse el yugo y conquistar espacio», explica Maeterlinck. Como mínimo, para tomar nota. Que, como bien se demuestra en este fantástico tratado, se puede aprender mucho de las plantas y las flores.

Para la filósofa y escritora Carolina del Olmo (autora del exitoso libro sobre crianza *¿Dónde está mi tribu?*), la función del

[17] Maeterlinck, M., *La inteligencia de las flores*, Gallo Nero, 2022.

hijo es, claramente, «convertirse en algo. Ser hija debería ser una circunstancia temporal, caminar hacia ser madre, adulto o lo que sea». Y añade que quizá este conflicto con la hijidad venga de «un alargamiento artificial de la fase de ser hijo, inducido por la prolongación de la vida, pero también por cierto tipo de madres incapaces de abandonar su rol y por ese peterpanismo tan presente en nuestra sociedad». Una infantilización bastante transversal. En esa ecuación de no querer ser adulto, o no del todo, entra el hecho de no desapegarse por completo de la madre. Como si salvaguardar esa figura responsable nos permitiera a nosotras eludir la madurez y seguir alimentando el inconfesable deseo de no pasar a la siguiente pantalla. Un deseo, por otra parte, secretamente celebrado por algunas de nuestras madres. ¡Nada más atrayente que seguir conservando su criaturita! Las piezas encajan y el desequilibrio se complementa a la perfección.

Imposible no mencionar aquí *Wild at Heart* (David Lynch, 1990). Con la extrañísima e inevitable maquinaria que se pone en marcha cuando una anda obsesionada con algo y que consiste en identificar todo cuanto ocurre alrededor con el objeto de obcecación, revisar *Wild at Heart* con la perspectiva de este libro, coloca la película en otro lugar. De repente, se presenta en clave de relato de una relación entre una madre y una hija, interpretadas —a eso se le llama no dar puntada sin hilo— por Diane Ladd y Laura Dern, a la sazón madre e hija en la vida real. En una de las últimas secuencias (atención, *spoiler*), oponiéndose claramente a la recomendación de su madre, Lula (Laura Dern) decide reunirse con su novio y padre de su hijo Sailor (Nicolas Cage). En una conversación telefónica, Marietta, la madre de Lula, trata en vano de convencer a su hija para que no vaya a recoger a Sailor a la cárcel, que ahí es donde el muchacho ha pasado los últimos cinco años, diez meses y veintiún días por razones demasiado largas de explicar aquí pero, en las que Marietta tiene algo que ver. El diálogo transcurre de la siguiente manera:

> —¿Y si te pido que no vayas? —le ruega Marietta copa en mano.
>
> —Daría igual —responde una empoderada Lula pasándose su respectiva copa por un pezón.
>
> —¿Y si te prohíbo que vayas? (Nótese la gradación que pasa de petición a mandato en un universo en el que las madres tienen la facultad de ordenar a sus hijas adultas qué pueden hacer y qué no).
>
> —Mamá, si interfieres otra vez en nuestra felicidad, te voy a arrancar los brazos de raíz. (A ver, es Lynch, igual no es necesaria tanta violencia).

A continuación, Lula cuelga con furia en un plano cerrado del teléfono que pasa a otro plano de Marietta lanzando un escalofriante aullido. Un «¡NO!» que parece provenir de lo más hondo y primitivo de su naturaleza.

Tras la amarga charla, Lula arrojará la bebida de su vaso sobre el retrato de su madre colocado en la mesa del salón. Cuando finalmente y tras ciertos lynchianos avatares —aparición de la Bruja Buena incluida— Lula y Sailor se reúnan, veremos cómo la fotografía de la madre, a la que Lula le ha lanzado su copa, se desintegra volatilizándose, quedando el marco sin imagen ninguna en su interior. Parafraseando a Freud, Lula ha conseguido, ante el hundimiento de su desesperada progenitora, «matar a la madre». Ha dejado atrás esa Bruja Mala (tal y como aparece explícitamente representada Marietta en una de las secuencias del filme) que la custodiaba y la perseguía guiando sus designios y coartando su libertad. Ha logrado, en suma, completar el proceso de diferenciación al que se refería Fernández Peinó. Y de paso cumplir a rajatabla con el esquema del cuento popular que destripa Vladimir Propp en su esencial *Morfología del cuento*[18]: la niña se deshace de la madre para poder ser feliz con el príncipe.

[18] Propp, V., *Morfología del cuento*, Akal, 1985.

LA MÍSTICA

97 % entregada, 3 % egoísmo, 0 % quejas. 100 % madre.
50 % paciencia, 50 % comprometida, 0 % tinte[1]. *100 % madre.*

Hace unos años, cierta cadena de grandes almacenes de reconocida solera tuvo a bien alumbrar esta campaña, que trajo la esperable polémica, para el Día de la Madre. Los anuncios presentaban una madre abnegada, paciente, resignada (nunca pide nada a cambio), incluso, y retomando ese halo mirífico que mencionaba Simone de Beauvoir, capaz de duplicar el tiempo y hacer que el día durase 48 horas. Ese modelo de madre —por supuesto y de nuevo, único y universal— era el genuino, el apropiado y el legítimo. Aquello sí que era ser 100 % madre, con sus porcentajes desglosados de sacrificio, renuncia y desinterés. Como si de un cóctel —sin alcohol— se tratara. Este despliegue de tópicos caducos que saturó pantallas y marquesinas sucedía en mayo de 2019. 2019. La web del anglófilo establecimiento ofrecía un test para descubrir el regalo idóneo para tu insuperable madre. En dicho test, podías marcar los niveles de disfrutona, comprometida, a la última, hogareña o con estilo de tu progenitora. Según el resultado, el vetusto algoritmo te indicaba el mejor presente

[1] En un ramplón intento de modernizarse, las canas se admitían como una característica que no tenía por qué colisionar con una maternidad ejemplar.

para tu sacrificada mamá. «Como canon no puede ser más terrible. Resulta que si no alcanzas esa proporción de entrega, ya no es que seas mala madre; es que, directamente, no eres ni una madre», señala Priscila Retamozo, politóloga especialista en igualdad de género[2].

Bajar la guardia

No conviene omitir anuncios como este ya que, en cierto modo, también la publicidad se enmarca dentro del fascinante fenómeno llamado suspensión de la incredulidad *(suspension of disbelief)* que consiste básicamente en la voluntad del espectador o del lector para suspender su sentido crítico a la hora de *comprar* la realidad de lo que está viendo o leyendo, y poder así entrar en ese universo que se le propone sin poner muchas pegas. Este mecanismo funciona especialmente bien, como recuerda la cineasta independiente Nina Menkes en su imprescindible documental *Brainwashed: Sex-Camera-Power* (2022)[3], en el audiovisual. Aprovechándose de esas rendijas en las que nuestro juicio está temporal y dichosamente interrumpido, películas, series, pero también artefactos publicitarios van conformando de manera sorprendentemente firme un imaginario popular potentísimo y no siempre hacia la mejor de las direcciones. Y tampoco sería honesto hacer como si todos estos artificios minuciosamente pergeñados no nos afectaran también a nosotras, empañando nuestra mirada.

[2] Autora junto a Chis Oliveira de *La revolución feminista en las aulas* (Los Libros de la Catarata, 2022).

[3] En este documental, Menkes analiza, en clave técnica (encuadres, paneos, iluminación) en qué ha consistido y consiste el *male gaze* (mirada masculina) en el cine. Y cómo no solo nos hemos acostumbrado a esta mirada, sino y sobre todo, cómo se ha constituido irremediablemente en la nuestra con todo lo que ello significa a nivel colectivo.

Si el modelo de maternidad es unívoco y está hasta en el aire, ¿cómo no esperar que sea también el nuestro? ¿Cómo no sentirnos defraudadas y/o culpables si no se produce? Si solo existe una posibilidad y yo estoy viviendo otra bien distinta, aquí solo puede haber fallado una (ella, la madre) u otra (yo, la hija). Frustración o fustigación. Elige tu propia aventura.

En este sentido no resulta insustancial pararse en algunos de estos referentes y cómo han ido moldeándonos en un sentido muy preciso. Así que, sin pretender hacer un tratado sobre la maternidad en el cine, que ya los hay y excelentes, no sería justo (ni divertido) pasar por alto la impronta que este arte ha tenido en la construcción de la idea de maternidad que tanto nos pesa a las hijas y de la que, seamos o no conscientes, tan difícil es escabullirse. Un patrón que, además de gravosísimo para las mujeres e indestructible por mucho que pasen los años, ha parecido oscilar entre dos extremos. De un lado, la madre resistente, señora de su casa, sufrida, bondadosa y perfecta revestida de un aura divina y sobrenatural. Frente a la cual, la otra, la mala, la ominosa, la terrenal, la carnal. La madre terrible, egoísta, desafecta, cruel y, ¿por qué no?, psicópata. La madre-madre enfrentada a la mujer-madre con mucho de lo primero y poquito de lo segundo. Como si hubiera que elegir, sin remedio, entre el bien y el mal. Esta leyenda de hacer que parezca inviable que convivan en un mismo ser estas dos facetas es clave en la problemática de la relación madre-hija. Porque ni ellas ni nosotras admitimos, no ya que la buena y la mala madre son una identidad integrada, compacta e indivisible, sino que, en realidad, son la misma persona.

Siendo el melodrama el terreno abonado para esa glorificada figura del «ángel del hogar», a la que la escritora Virginia Woolf instaba matar, las cosas cambiarían hacia mediados de los años cuarenta. «En pleno período de posguerra, el discurso en torno a la madre, si bien no dará un giro radical, adquirirá nuevos matices que serán clave para la formación del arquetipo cinematográfico que aquí interesa [el de la madre terrible]. La denominada segunda ola feminista, impulsada por la traducción a varios idiomas de *El segundo sexo* de Simone de Beauvoir, favorece que la representación de la mujer no quede relegada a la de la madre benefactora y ángel del hogar»[4].

No deja de resultar curioso, por no decir sintomático, que la respuesta de Hollywood a la publicación de *El segundo sexo* fuera la aparición de unas huestes de madres asfixiantes, celosas, vengativas y manipuladoras. Un inventario de madres que distinguía, nuevamente, entre la virtuosa y la reprobable. Pero que, sobre todo, mostraba lo que podía suceder cuando la inmaculada maternidad se ensuciaba de realidad y la *mujer anhelante* ganaba o, al menos, hacía titubear los cimientos de la *madre renunciante*, extensión lógica y esperable de la buena esposa. O, por utilizar la terminología de la antropóloga, política y activista feminista Marcela Lagarde, de las «madresposas», un invento del amor burgués que se sostenía en tres mandatos: «ligarte sexoafectivamente con un hombre, realizar la maternidad y fundar una familia»[5]. De ahí, relatos como *All That Heaven Allows* (1955) del indiscutible e indiscutido rey del melodrama Douglas Sirk, en el que Jane Wyman, una deseosa viuda, se enamora de su bello y joven jardinero —Rock Hudson—. El romance provoca la repulsa generalizada de sus hijos y de su círculo social, horrorizados ante la visión de una mujer que ha osado olvidar su papel de adinerada y modélica madre de unos hijos, todo hay que

[4] Parra, J., *La madre terrible*, Hermenaute, 2020.
[5] Lagarde y de los Ríos, M., *Para mis socias de la vida*, Horas y Horas, 2005.

decirlo, ya universitarios. Otro melodrama de la época que resulta revelador por muchos motivos, alguno extracinematográfico, es *Madame X* (David Lowell Rich, 1966). Un dramón protagonizado por la reina del ídem, Lana Turner, en el papel de una mujer insatisfecha a la que su suegra (otro arquetipo recurrente de mujer malévola) le hace la vida imposible debido, entre otros factores, a su origen humilde y, por lo tanto, sospechoso. Ante las reiteradas y prolongadas ausencias de su marido, Lana Turner toma un amante (nada menos que Ricardo Montalbán). A partir de ahí y por una serie de desgracias encadenadas, su vida se convertirá en una pesadilla. Una pesadilla en la que básicamente estará penando y pagando el haber osado incumplir el mandato de madre y esposa amantísima. La redención solo llegará en forma de lacrimógeno final cuando se inmole (en el sentido literal) por su hijo y, por lo tanto, vuelva a ser esa madre ideal que, parafraseando la televisiva frase, por su hijo se deja matar. La película termina con un profético juicio para el que Turner estaba más que preparada. Ocho años antes, había protagonizado su propio *Madame X* en la vida real. Censurada por todo Hollywood como mala madre, la actriz no encajaba en el molde: bebedora obstinada, fumadora compulsiva y ostentadora de una agitadísima vida sentimental («Mi meta era tener un marido y siete hijos, pero fue justo al revés»). En 1958, se vio envuelta en un truculento suceso. Tras mandar a paseo a su amante el mafioso Johnny Stompanato, este se presentó en su casa amenazándola a ella y a su hija. El resultado fue el asesinato del mafioso a manos, supuestamente, de Cheryl, la hija de Lana Turner. En el juicio que siguió al crimen, una impresionante Turner, en el que para muchos fue el mejor papel de su carrera, exclamaba enjugándose el sudor con un pañuelo: «¡La culpa es mía! ¡Únicamente mía!». Cheryl resultó exculpada, considerándose legítima defensa, pero los rumores sobre la posibilidad de una Lana como autora material del crimen intentando endosarle el muerto a su hija, o incluso celosa de su propia hija, fueron atronadores. Los periódicos sensacionalistas de la época no pudieron resistirse a la enésima y chismosa historia de rivalidad madre-hija.

Conociendo la historia de Turner y Stompanato, ¿cómo no pensar que *Where Love Has Gone* (Edward Dmytryk, 1964) no está basada en dicho culebrón? En este filme, un recopilatorio de todos los topicazos sobre la madre terrible, Bette Davis (¿quién si no?) interpreta a una madre entrometida, manipuladora, severa y controladora, tan exagerada que resulta gozosamente caricaturesca. En este filme se dan cita todos los males que, de uno u otro modo, van a pasearse por este libro: deseos insatisfechos, maldiciones familiares, apariencias insostenibles, rivalidades, herencias transgeneracionales, juicios sociales… A pesar de lo desmesurado del guion (el regalo de la madre para la recién inaugurada casa de su hija y su marido es un retrato gigantesco de sí misma, de los que simulan seguirte con la mirada según te mueves), algunas de las frases son, para el tema que nos ocupa, demasiado gloriosas como para ignorarlas. «Mi madre me educó con tanta disciplina que pensé que no me quería». «Ya se ha decidido que soy una madre incapaz, una hija ingrata y una esposa irresponsable». Y sobre todo un par de diálogos que resumen con acierto algunas de las problemáticas aquí planteadas. La incapacidad de soltar prenda:

> —¿Has pensado en dejar que Valerie [la hija] viva su propia vida?
>
> —Solo en momentos de debilidad.

Y la sempiterna cuestión, siempre planteada y eternamente eludida: el porqué se tienen hijos.

—Estás hablando con tu madre.
—Nunca has sido madre, solo una mujer que tuvo una hija.

Volviendo a Lana Turner, el suyo no sería el único caso de *mala madre* cinematográfica en el que vida real y rodada se confunden. Otro elocuente ejemplo es el de la también actriz Joan Crawford, que en *Strait-Jacket* (William Castle, 1964) interpretó a una desequilibrada madre no tan alejada, según contó luego una de sus hijas adoptadas, de su maternaje en la no ficción. Una experiencia aterradora, la de Christina Crawford, llevada al cine por Frank Perry en la camp *Mommie Dearest* (1981). Aquí, mamá Crawford (interpretada por una mimetizada Faye Dunaway) es un espantoso compendio de malas praxis: desde la dudosa decisión que la lleva a la maternidad hasta la competitividad enfermiza con su propia hija (¡esas carreras a crol imponiéndose a una cría a la que doblaba en estatura!) pasando por el maltrato explícito.

Ya antes de la década de los ochenta, hubo multitud de madres que se salían peligrosamente del guion para entrar de lleno en las madres más o menos trastornadas. Desde la ubicua y controladora presencia de una madre fiambre (*Psycho*, Alfred Hitchcock, 1960) hasta el fanatismo de la madre castradora (*Carrie*, Brian De Palma, 1976) pasando por la salvaje imposibilidad del duelo materno de la protagonista de *Whoever Slew Auntie Roo?* (Curtis Harrington, 1972), el amor incondicional de una madre a su monstruoso hijo en *It's Alive* (Larry Cohen, 1974), la obsesión maternal (*The Premonition*, Robert Allen Schnitzer, 1976) o la manipulación sin límites de la madre de *Angustia* (Bigas Luna, 1987). Madres reconcomidas por los traumas, madres emasculadoras y punitivas, madres enloquecidas y todopoderosas proyectando sobre sus hijos un legado atroz. De repente, la maternidad convertida en el mejor reclamo para el cine de género. Las madres como seres terroríficos, capaces no solo de engendrar el mal, sino de educarlo, darle forma y lanzarlo al mundo. Y, más concretamente, el cuerpo de la mujer embarazada transformado en una especie de receptáculo mutante al que examinar con pavor (*Rosemary's Baby*, Roman Polanski, 1969).

En este apartado de directores hombres observando, sobrecogidos, el misterio de la procreación no podemos olvidar, claro, a David Cronenberg. Es fácil rastrear en su filmografía una mezcla de atracción y repulsión, de inquietud y fascinación ante la preñez. Cuerpos deformados, cuerpos ocupados por pasajeros desconocidos (*The Fly*, 1987) o por criaturas resultantes del odio (*The Brood*, 1979), cuerpos femeninos sobre los que experimentar y de los que abusar (*Dead Ringers*, 1988). Una obsesión que le ha llevado a reflejar extraordinariamente bien algunos de los mitos férreamente asentados en torno a la leyenda de la maternidad.

Dead Ringers, 1988.

> —Nunca me quedaré embarazada. Nunca tendré hijos. Cuando esté muerta, simplemente estaré muerta. En realidad, nunca habré sido una mujer del todo. Una chiquilla. Solo una niña.
>
> —Siempre podrías adoptar un bebé.
>
> —No sería lo mismo. No sería una parte de mi cuerpo.

La mística de la maternidad en todo su esplendor. Por un lado, la creencia firmemente instalada de que solo siendo madre se es mujer del todo. La maternidad como el único rito iniciático capaz de hacernos abandonar la etapa infantil para insertarnos de lleno en la adulta. Por otro lado, el alumbramiento como un acto trascendente que nos hace darle un sentido a todo esto, incluida nuestra muerte. Y que además tiene que ser *parte nuestra*. Una necesidad que, según Sheila Heti, tiene mucho que ver con la conquista. «El egoísmo de procrear se parece al egoísmo de colonizar un país: ambos encierran el deseo de dejar huellas en el mundo, de imponer nuestros valores, de crear a nuestra imagen y semejanza»[6].

The Brood, 1979.

—Las mamás no hacen eso, no lastiman a sus hijos.

La cara más onerosa de ese ideal alrededor del maternaje: las madres no se equivocan, no son malas, no pueden hacer daño a sus hijos. Está fuera de toda lógica y de toda posibilidad que semejante disparate suceda. Una aseveración que convierte en inviable que tú, hija, sufras un trato inadecuado por parte de tu madre. Así que si esa es o ha sido tu experiencia, quizá la falla está en ti.

Toda esta tradición cinematográfica en torno a la figura de la madre, la mayoría hecha por hombres —otra tradición centenaria: hombres hablando de lo que nos pasa a las mujeres— ha reforzado este misticismo en el inconsciente colectivo. Incluido, sí, el nuestro como hijas. Afortunadamente, en los últimos tiempos y retomando en cierto modo la fabulosa estela dejada por nombres como Chantal Akerman o Barbara

[6] Heti, S., *op. cit.*

Loden y su soberbia *Wanda* (1970) parece que las directoras han decidido mostrar qué nos pasa a nosotras las mujeres cuando somos hijas y cuando somos madres. Así ejemplos muy recientes como *Lady Bird* (Greta Gerwig, 2018), *Viaje al cuarto de una madre* (Celia Rico, 2018), *La hija oscura* (Maggie Gyllenhaal, 2021), *Red* (Domee Shi, 2022), *La maternal* (Pilar Palomero, 2022), *Cinco lobitos* (Alauda Ruiz de Azúa, 2022), o incluso *El agua* (Elena López Riera, 2022) vienen a contarnos que hay y siempre ha habido otras maternidades. Nos hablan de la carga mental y de la cultura de los cuidados, de las dificultades del maternaje en una sociedad que se niega a entender que la maternidad no es una tarea individual, de la extraña tirantez que parece subyacer entre algunas madres y sus hijas, de la culpa, de los primeros estallidos de confrontación madre-hija en la adolescencia, del miedo, del dolor, de las expectativas, de los irrespirables cánones, de los no menos opresivos roles, de la sobreprotección, de las leyendas en torno a *lo femenino*... Intentar romper el discurso machaconamente monocorde utilizando, ellas también, el mejor de los vehículos: el cine.

Construyendo el mito

Tras este arbitrario recorrido por algunas cinematográficas madres, volvamos al paradigma de maternaje incrustado en nuestros cerebros y que, no lo dudemos, nos ha hecho revisar desde ese lugar qué hicieron nuestras madres y cuál fue el desempeño de sus funciones en nuestra educación. Un lugar que tiene mucho de tierra prometida y no hallada con la consiguiente sensación de estafa, enojo y ajuste de cuentas. ¿Dónde está esa madre que nos garantizaron? ¿Dónde esa progenitora de los cuentos y las películas? ¿Dónde ese ser perfecto, inmaculado, paciente, comprensivo e infalible? ¿Qué clase de engaño es este? Como un cliente insatisfecho reclamando reparación. Lo que sucede es que aquí el principio mercantilista de «si no queda satisfecho, le devolvemos su dinero» no es operativo. Afortunadamente.

Si bien uno de los primeros grandes iconos de la maternidad es, en el colmo de la suspensión de la incredulidad, la Virgen María, si nos remontamos —nunca mejor dicho— al origen de los tiempos nos encontramos con Eva. Una Eva mortificada con una maternidad anclada en el pecado, en el dolor y en el sometimiento. La maternidad como penosa sanción, como vengativo castigo de un Dios furibundo. La maternidad, en suma, como maldición.

> A la mujer le dijo: «Multiplicaré tus dolores en el parto, y darás a luz a tus hijos con dolor. Desearás a tu marido, y él te dominará».
>
> Génesis 3:16[7]

A partir de ahí y con semejantes mimbres…

Si consideramos la maternidad como «la mejor arma usada —y abusada— por el patriarcado»[8], en su propia glorificación está la trampa. Esa misma que, como veremos más

[7] En *Carrie* (1976), adaptación de la novela homónima (1974) de Stephen King, Brian De Palma transforma este versículo bíblico en un mucho más inspirado monólogo para la iluminada madre de la protagonista: «El primer pecado fue la carne. Eva fue débil. Y el señor lanzó sobre Eva una maldición. Y fue la maldición de la sangre. Y lanzó sobre Eva otra maldición y fue la maldición de la maternidad. Y Eva dio a luz a Caín con sudor y sangre. Génesis 3:16».

[8] González de Chávez Fernández, M. A., *Mujeres y hombres, identidad y conflictos*, Biblioteca Nueva, 2015.

adelante, nos atrapa también a nosotras. Sucede lo mismo con esa visión encumbrada y almibarada de la mujer. Una mirada de admiración que esconde a duras penas su condescendencia y que, sobre todo, desemboca en una versión idealizada, irreal y construida desde la masculinidad de lo que debería ser una mujer, una madre, una hija o ese concepto inasible, etéreo y fascinante que es, oh, sí, la feminidad. Y en torno a ese ideario masculino se ha construido este ideal de la maternidad que se sostiene básicamente en otros dos poderosos constructos del sistema: el amor romántico y la (auto)exigencia de perfección.

A estas alturas, no creo que nadie dude de las dificultades de la crianza, de lo complicado de ejercer de madre o de padre. Pero precisamente en este ensalzamiento tan extendido de la madre y su función en el mundo, en ese chorreo infinito de loas encendidas en los días señalados, en esa tendencia tan machacona y reiterada de sacar pecho (nosotras las primeras) con eslóganes aprendidos casi por ósmosis al estilo de «mi madre, mi referente», «mi madre, la mejor», «mi madre, la mujer de mi vida», «mi madre, una madre coraje», «madre solo hay una» se mantiene agazapado todo un sistema extremadamente conservador: ese que dictamina que una madre siempre lo hará bien, siempre sabrá y siempre constituirá un modelo a futuro. Exponer que no siempre es así no tendría por qué ser anatema, ni sinónimo de cuestionarlas a ellas (sería tan absurdo como pensar que una mujer no puede equivocarse en su trabajo, en sus relaciones o en cualquier otro campo de su vida). Debería ser más bien liberarlas de una mirada inhumana y bien poco feminista: aquella que las despoja de su humana imperfección para convertirlas en un impecable imposible. «Si continuamos deificando la relación maternofilial, esperando que esto nos permita superar los problemas mundanos de un mundo imprevisible, estamos perdidos»[9].

El amor romántico

> Mi madre es el amor de mi vida.
>
> Rita, 46 años, sin hijos, tres hermanos.

> En la edad adulta, mi madre me ha reprochado muchas veces que en un momento dado dejé de ser su amor, esa niña que siempre estaría con ella.
>
> Alejandra, 48 años, sin hijos, tres hermanas.

> Cuando mi madre falleció, me sucedió algo curiosísimo. De repente, todas las canciones de amor que escuchaba eran sobre ella y me la recordaban. Y realmente el sentimiento que experimenté en aquel momento era el de enamoramiento.
>
> Rosa, 48 años, sin hijos, tres hermanas y un hermano.
> Madre fallecida.

> La primera vez que me declaré a mi madre, tenía tres años.
>
> (De «Primer amor» de Cristina Peri Rossi,
> episodio incluido en *Madres e hijas*[10]).

Muchas teorías afirman que los nexos maternofiliales no dejan de ser las primeras relaciones sentimentales de nuestras vidas. Un enamoramiento en toda regla que, en ocasiones, parece acogerse más a las reglas del amor romántico que a las

[9] Eyer, D. E., *op. cit.*
[10] Freixas, L. (ed.), *Madres e hijas*, Anagrama, 1996.

del amor familiar. Sí, con todo lo que ello conlleva. Ya en los setenta, Friday decía: «El padre puede sazonar la vida, pero la madre es el pan y la mantequilla. La relación de la madre es anterior, es más profunda que todo lo que el niño pueda conocer con su padre»[11].

Deteniéndonos a pensar en la mitología del amor maternal veremos que se aparta bien poco de los mecanismos de construcción del amor romántico. En ambos casos, las dosis de expectativas son altísimas; el nivel de frustración, elevadísimo, y la obligatoriedad de desempeñarse y desarrollarse en ese papel, total. Para ellas y para nosotras. No deja de resultar curioso que las dos relaciones que probablemente más dolores y traumas provoquen sean las dos más regladas, estandarizadas, pensadas, manoseadas, estipuladas y sobre las que más se ha escrito. Unos vínculos que se abordan con un batallón de prejuicios, quimeras, obligatoriedades y exigencias que dificultan ya de partida cualquier mínima posibilidad de éxito. Listados y listados de mandamientos e imposiciones que nos trasladan a un mundo irreal con una misión imposible: la excelencia. Madres impecables e hijas insuperables que acaban cayendo, confrontadas a la realidad, en las sobadas categorías de *madres tóxicas* e *hijas horribles*. Para lo que sí funciona a la perfección este enjambre de normas es para la perpetuación del sistema tal y como lo conocemos hasta ahora.

Por supuesto existe la llamada biológica y ese amor animal, irracional e inexplicable. «En el embarazo se da una transformación cerebral orientada a proteger a la cría. Nuestro cerebro y todo nuestro cuerpo, sobre todo en el puerperio inmediato [las primeras 24 horas después del parto], están preparados para esa función y para que nos enamoremos de

[11] Friday, N., *op. cit.*

nuestra criatura. A su vez, creo que todos los bebés nacen enamorados de sus madres por programa biológico. Es la primera relación amorosa que tenemos en la vida», asegura Olza. Lo cual no implica que haya que esperar de las madres que cumplan con este esquema como si fuera ley divina.

Un amor sin fisuras, el materno, al que Rose califica con no poca ironía como «ceguera psíquica» y que, como todo ideal exacerbado, corre el riesgo de darse de bruces con la realidad provocando vergüenza a unas (las madres) y chasco a otras (las hijas). Y un amor descomunal que entronca con la idea de que las mujeres «hemos sido configuradas socialmente para el amor, hemos sido construidas por una cultura que coloca el amor en el centro de nuestra identidad»[12]. Amar como madre, amar como hija. Así, y siempre según Lagarde, las mujeres vivimos el amor como un deber, como un mandato. Y en esa pirámide del amor, la madre se ubica en la cúspide como el sumum en torno al cual repetir viejos y deteriorados estereotipos del amor romántico en su versión más nociva. «En mi trabajo con adolescentes —cuenta la politóloga Retamozo— es habitual escuchar expresiones como "yo por mi madre mato". Una manera de demostrar afecto absolutamente construida en torno a la masculinidad y que refuerza la idea de una madre abnegada, a la que luego no se le presta una ayuda real en el hogar».

Toda esta lírica en torno a los lazos maternofiliales, toda esa demanda de amor incondicional, toda esa exigencia de que la madre lo sea todo para sus hijos no hace sino reforzar un discurso que no beneficia en nada a nadie. Con semejante intensidad, ¿cómo emanciparse de la figura materna sin que aquello se convierta en una verdadera tragedia griega? ¿Cómo no

[12] Lagarde y de los Ríos, M., *Para mis socias de la vida*, cit.

devolver ese amor, no acariciarlo, no cultivarlo o no sentirse culpable si una, como hija, no puede o no debe? ¿Se puede dejar de querer a una madre? Responde Del Olmo: «Yo diría que sí. Una hija está preparada para hacer otras cosas, para desapegarse... Las hijas estamos programadas para dejar de serlo. Algunas madres, sin embargo, se quedan enredadas en esa función; de maneras patológicas a veces, otras sanas. Puedes martirizar a un hijo, hacerle la vida imposible, pero no creo que puedas no quererlo... Pero, claro, ¿qué es querer? Querer debería ser apoyar, respetar y muchas cosas que no siempre se cumplen».

Por supuesto, en este remedo del amor romántico no podía faltar una de sus piedras fundacionales: la dependencia. Muchas de las hijas entrevistadas han expuesto que, de una u otra manera, sentían que sus madres trataban de crear una cierta supeditación en la relación construida con ellas. Como si, inconscientemente, el objetivo fuera originar unas huestes de personas dependientes. De ellas, claro. Una subordinación emocional que una vez más no nos hace ningún bien. Acostumbrarse a esa suerte de sujeción, a esa preocupación constante de la otra, a esa necesidad de reafirmación o aprobación nos mantiene fusionadas, queramos o no, y, sobre todo, infantilizadas. El resultado son unos patrones de conducta que están a eones de ser los de dos personas adultas relacionándose desde un lugar de igualdad. Esta falta de horizontalidad es uno de los grandes escollos para fabricar nada medianamente cómodo de habitar.

> En casa de mi madre, nadie hacía nada. Solo ella. No estaba permitido. Nos habría gustado compartir las tareas. Mi padre es colaborativo. Le encantaría cocinar, involucrarse en la educación. Pero no. También a mí me habría gustado, ya

una vez adulta, poder ir teniendo más responsabilidades en la casa. Pero era y sigue siendo su feudo y ahí no entra nadie. Aunque se rompa un brazo, ella no me deja hacer nada porque lo hago mal. En realidad, no lo sabe porque nunca me ha dejado, pero ella ya sabe que bien no lo voy a hacer... Eso sí, si no hago, se enfada. Es muy desquiciante. Todo está mal todo el tiempo. Todos somos dependientes de ella. Nadie es autónomo. Es como si se esforzara en hacernos sentir dependientes para seguir cuidando de nosotros. Es algo que a mí me parece muy perverso.

Gabriela, 44 años, un hijo, un hermano.

La perfección

> Madre, diosa del amor, a quien todos acudimos en busca de protección y de amor incondicional, el ser humano perfecto en quien todos creemos, pues así hemos sido educados, a quien los poetas han comparado incluso con la misma tierra, que se arrodilla con los brazos extendidos presta a envolverme y a protegerme de las lluvias, a quien ni uno solo de nosotros hemos conocido, pero que se nos aparece y nos persigue despiadadamente. Madre, no puedo encontrarte, y mucho menos ser como tú.
>
> (De *El nudo materno*, de Jane Lazarre).

En las memorias *El libro de mi madre*[13], el escritor Albert Cohen entona una oda a su madre muerta. El autor, incapaz de superar su pérdida, se considera casi culpable por haber cometido «el pecado de vivir» tras su marcha. En su edición

[13] Cohen, A., *Le livre de ma mère*, Folio, 1974.

francesa, el libro, precioso por otra parte, incluye los clásicos comentarios de eminentes periodistas culturales de la época a modo de reclamo. Y lo describen como «la más bella novela de amor jamás escrita». En el prólogo, se dice que cada uno de nosotros reconoceremos en este libro a nuestra propia madre, «santa centinela, coraje y bondad, calor y mirada de amor». Cada uno y cada una de nosotras. Ahí es nada. Santa maternidad. ¿Y qué sucede si tú, como madre, has estado lejos de esa santidad; o si tú, como hija, estás lejos de haberla contemplado en un rapto ascético?

Y es que de todo ese ideal de amor imposible dimana otra de las grandes cruces en torno a la figura maternal: la perfección. Una carga que ostentan casi en exclusividad ellas. A los padres se les permite un amplísimo margen de error, descuido e, incluso, ineptitud. Una idealización —la de la entrega materna— que, lejos de desdibujarse, permanece incólume y que nosotras también, ¿a qué negarlo?, les exigimos. «La imagen de la madre que todo lo resiste y que aguanta lo que le echen no ha desaparecido. La única ventaja de nuestra generación es que nos podemos quejar. Y lo hacemos. Muchísimo», bromea Del Olmo. Una exigencia que tenemos más que interiorizada también nosotras como hijas a la hora de esperar cómo deben ser ellas y que, sin embargo, nos pasa casi desapercibida. Obviamente, toda esa panoplia de imposiciones no es inocua. Como recuerda Donath, afecta de manera decisiva en el maternaje ejercido y, según ella, esclarecería el hecho de que el perfil de «madre narcisista» (etiqueta de la que, por otra parte, se ha abusado no poco) esté supuestamente tan extendido: «Naturalmente esperar que una madre sea perfecta explica ese ansia de perfección que mueve a las madres tildadas de "narcisistas" o "entregadas en cuerpo y alma", esas que creen que la totalidad de la creación está cifrada en su bebé, y que debe ser, por tanto, intachable»[14].

La intachabilidad que se le presupone a toda madre la aleja definitivamente de existir como cualquier otra entidad que no sea eso: una madre. Así, las madres pueden emprender ante la sociedad, su familia y ellas mismas un proceso de despersonalización sin retorno. ¿Cómo hacer que convivan la madre mitificada y omnipotente con la mujer borrada? Pero, sobre todo, ¿cómo reconciliarnos, nosotras las hijas, con esa dualidad? ¿Cómo conseguir ver en nuestras madres las mujeres que son? ¿Cómo no olvidarnos que antes de nosotras ya existieron y después de nosotras también deberían seguir haciéndolo? Quizá la solución para este nudo maternofilial pase por admitir que en toda madre hay una mujer con sus necesidades, sus anhelos, sus defectos, sus carencias y su bagaje personal y, sobre todo, por decirle adiós a esa fantasía de la madre total. «Es necesario, pues, hacer todas/todos el duelo por la Gran Madre, por el ansia de la Unidad, sueño irrealizable, a fin de que la identidad femenina pueda liberarse»[15].

> De pequeña, mi madre era un entidad divina. Un ser por encima del bien y del mal. Perfecta, llena de virtudes e incapaz de hacer o de sentir algo que no fuese lo correcto. Imagino que desde ese lugar era difícil que la caída no fuera tremenda.
>
> Alejandra, 48 años, sin hijos, tres hermanas.

> Siempre que escuchaba a mis amigas hablar de sus madres era con una sonrisa, con ternura. Aunque tuvieran discusiones,

[14] Donath, O., *op. cit.*
[15] González de Chávez Fernández, M. A., *op. cit.*

> estaba ese discurso de «mi madre es la mejor, es buenísima». Yo nunca experimenté ese sentimiento de amor profundo. Las madres de las que hablaban mis amigas eran madres sacrificadas, las típicas madres abnegadas que en realidad yo no defiendo en ningún caso. Mujeres que se lo han callado todo, que lo han dado todo por sus familias, que han estado en casa cuidando. Mi madre no era como lo que se suponía que tenía que ser, pero tampoco era feliz.
>
> Sol, 40 años, una hija, una hermana y un hermano.

> Hubo un momento en el que mi madre pareció caerse de un pedestal para empezar a ser alguien real con sus problemas. Y de repente, fue como si esos problemas comenzasen a ser los de toda la familia. A partir de ahí, mi relación con ella fue bastante mala. Ahora es algo mejor porque trato de verla desde otro lugar que no sea ni ese absurdo pedestal, ni la culpa. Imagino que de pequeña yo la veía como un ideal. Luego, inevitablemente, viré un poco hacia la crítica y a construirme a partir de la negación.
>
> Gabriela, 44 años, un hijo, un hermano.

Una guía de conducta que compartimos hijas y madres y cuyas pautas principales consisten en hiperexigirse, demandar amor puro o pretender darlo, renunciar, prohibirse cualquier atisbo de egoísmo, negarse arrepentimientos o cansancios... Difícil, como madre, no vivir esta experiencia desde la más lacerante de las culpas y difícil, como hija, no experimentar una interesante mezcla de frustración y culpa.

> La forma en la que se ha educado a las mujeres y la cultura patriarcal dominante hace que estas, casi siempre con *baja autoestima*, tiendan a querer ser perfectas y a seguir un modelo

de ideal materno que las conduce a situaciones de alto estrés mental, pues nunca están plenamente satisfechas de lo que hacen, deben demostrar en sus tareas que valen mucho más que los hombres para ser socialmente aceptadas, y deben soportar que la sociedad y el entorno familiar apenas valoren todas las tareas que realizan[16].

A río revuelto...

Aprovechando la excusa biológica y bajo todo este mágico envoltorio se esconde una realidad, era de esperar, de lo más pedestre. Y es que toda esta mitología no es más que la excusa perfecta para que la materialización de los cuidados recaiga en las mujeres. «Esta descripción de la "naturaleza femenina" —empleada para obligar a la mujer a ser madre— se utiliza asimismo para aprobar la idea de que las mujeres están dotadas de un instinto maternal y de una especie de caja de herramientas innata que induce a las mujeres más que a los hombres a criar a sus hijos»[17].

Desde pequeñas, se nos educa en la omnipotencia de la maternidad, codificadas para ejercer de futuras madres todopoderosas y perfectas y, en su defecto, y ¿por qué no?, de hijas cuidadoras para todos y para siempre. Así, y siguiendo con este ineluctable mecanismo, no son pocas las hijas que habiendo decidido no tener hijos se ven, una vez sus madres ya mayores, en la obligación de convertirse en madres de sus madres. Parece que el hecho de no tener a nadie a su cargo (como si estarlo de una misma no fuera suficiente) implica

[16] Valls Llobet, C., *Mujeres invisibles*, Penguin Random House, 2006.
[17] Donath, O., *op. cit.*

la obligación moral y social de hacerlo de, en este caso, una progenitora que requerirá atenciones constantes... ¿Eres mujer? Tu tarea es cuidar y así se te requerirá. Y ese mandato provendrá incluso de otras mujeres —madres en este caso—. Programadas, en definitiva, para seguir moviéndonos en el marco de los cuidados ejerciendo, y más en la generación de nuestras madres, de ángeles del hogar. Un invento que resulta algo más que rentable a los siniestros planes del patriarcado: seguir perpetuando el reparto de roles, relegando a la mujer a la esfera reproductiva y a los cuidados. «Hay aquí una objetivación de los sujetos», aclara la historiadora Matilde Peinado. «Nosotras no existimos por nosotras mismas como sujetos con proyección, con vida propia y con metas por descubrir. Existimos porque somos necesarias para cuidar a otras personas. Patrimonializar la ética del cuidado es la única forma de caminar hacia la coeducación. Hemos copado todos los espacios en el ámbito productivo, pero el reproductivo sigue siendo en gran medida nuestro. Y eso nos obliga a un ejercicio de autoexplotación diario permanente que no deja hueco para ser».

Un asunto colectivo que se ha transformado por arte de magia en una responsabilidad de carácter individual. La politóloga Retamozo recalca que «hay que entender que este es un problema que tenemos que enfrentar socialmente. Esto no es un asunto de mujeres, ni es algo que afecte solamente a mujeres o a madres. Nos afecta a todos y a todas. Todos somos hijos o hijas y cómo enfrentamos la maternidad es algo que nos incumbe a toda la sociedad». Hay algo de engaño, casi de chanza, en eso de alentar y promover la gestación, de controlarla, vigilarla y regularla en su desarrollo para, una vez lograda, dejarnos solas ante el peligro.

> El cuerpo es uno de los territorios fundamentales de control social. Los estados nos instan a la reproducción —de los hijos y del propio modelo familiar—, controlan nuestra fecundidad y sus productos, pero paralelamente nos dejan solas con nuestros niños, clausuradas en el espacio doméstico, e instadas a que la crianza sea un asunto estrictamente íntimo.
>
> *Mater amatísima / Imaginarios y discursos sobre la maternidad en tiempos de cambio*, de María Ruido[18].

El hecho de que las mujeres puedan ser madres no solo no las obliga a serlo sino que tampoco, ¡qué cosas!, las convierte por defecto en cuidadoras. Esta falta de compromiso social en la ética de los cuidados repercute de manera directa en la salud de las mujeres. «Cuando las mujeres intentan expresar su malestar vital, muchas veces la medicina les contesta que si están estresadas es porque no se saben organizar, como si el papel de cuidadora de todo el mundo solo fuera un problema personal»[19].

A nuestra manera

> La misión natural asignada por Dios a la mujer es la maternidad, a este fin natural hemos de subordinar cuanto haya y cuanto nosotras queremos hacer por ella. Es decir, que su fin histórico lo cumplirá sin apartarse del fin natural que Dios le ha señalado y en el cumplimiento de este fin acumulará méritos de vida eterna para salvar el alma.
>
> Pilar Primo de Rivera[20].

[18] Del texto que acompaña la obra audiovisual de la artista María Ruido *Mater amatísima / Imaginarios y discursos sobre la maternidad en tiempos de cambio* (2017).

[19] Valls Llobet, C., *op. cit.*

[20] Recogido en *Enseñando a señoritas y sirvientas*, M. Peinado, Los Libros de la Catarata, 2012.

Como no podía ser de otra manera, España —inmersa en el inmovilismo y consiguiente atraso que toda dictadura supone— hizo de esa maternidad sublimada, santo y seña. La maternidad elevada a su enésima potencia. Las madres convertidas en fuerzas vivas imprescindibles para proveer a la nación de hornadas de hombres fuertes y sanos en una imposible combinación de «sacralización y cosificación de la figura femenina»[21]. Una mezcla tramposísima que consistía en convertir ese discurso de superioridad moral de la mujer-madre en una obligación patriótica. De diosa a sirvienta en un abrir y cerrar de ojos. Tal y como rezaba el manual *Lecciones para la formación de las instructoras del hogar* de Pilar Almansa Martínez, de 1942[22], los tres fines de las mujeres eran «fin sobrenatural, fin natural (hija, esposa y madre) y fin histórico (criar hijos, educarlos y ejercer un oficio, Magisterio, Sanidad y Artesanía preferentemente)». Un credo presente en todos los artilugios de publicidad del régimen que no dejaba ningún espacio a la imaginación: la mujer honrada, decente y patriota podía ser solo y exclusivamente madre. Una mujer que, como bien nos recuerda Peinado, era adoctrinada y adiestrada en la maternidad desde la más temprana de las edades: «Igual que nosotras estudiamos los ríos de España, a ellas se les enseñaba que el padre de familia era el jefe. Cuando eres pequeña, no discutes nada e interiorizas muy rápido. Es lo que veían a diario, lo que les rodeaba. Ya Concepción Arenal, Emilia Pardo Bazán o Carmen de Burgos cuestionaron muy seriamente esa idealización de la maternidad. Hablaron de la maternidad como una opción vital, no como una obligación y fueron muy atacadas por ello. Pero es que en aquel momento se creía que

[21] Peinado, M., *Enseñando a señoritas y sirvientas*, cit.
[22] Recogido en Peinado, M., *op. cit.*

en el ADN de una mujer estaba ser madre». Y si no lo eras, la alternativa era ser…

La solterona

«Durante los primeros años del franquismo —explica Peinado— se quería potenciar la natalidad para llegar a los 40 millones de habitantes y recuperar así los niveles de preguerra. Convertido en imperativo demográfico, ser madre era no solo una obligación, sino un servicio a la patria». La madre transformada en piedra angular de la familia y en sostén de un entramado social estable, pero siempre arrinconada al espectro de lo doméstico (su costura, su bordado, su cocina o su limpieza), limitándose su presencia en espacios públicos a ámbitos muy vinculados con lo religioso o lo formativo. Y siempre existiendo, como dejó escrito Pardo Bazán, en referencia a otros (esposo, hijos, padre o hermanos) «y si estos faltaren, a la entidad abstracta del género masculino»[23]. El hombre, como decía Carmen Martín Gaite en *Usos amorosos de la postguerra española*, como «núcleo permanente de referencia abstracta para aquellas ejemplares penélopes condenadas a coser, callar y esperar».

En un giro demoníaco de este ya de por sí maligno ideario se exponía que la mujer debía ser *liberada* del trabajo porque, obviamente, a lo que había que aspirar era a una familia burguesa en la que el macho fuera el proveedor. «Ser mantenida era un símbolo de estatus, de superioridad económica e incluso moral, pues su permanencia en el hogar era fundamento

[23] Recogido en Peinado, M., *op. cit.*

de la unidad y la felicidad de los miembros de su familia»[24]. Un espejismo que estaba lejos de la realidad socioeconómica de la mayor parte de los hogares.

Y, claro, si la única opción aceptable y decente era ser esposa y madre, no serlo suponía caer en la sima del desprestigio social pasando a formar parte de esa anomalía vergonzosa que era la solterona. Una vapuleada y discriminada categoría en aquellos lúgubres tiempos y que aún no ha desaparecido del todo de nuestro paisanaje nacional.

> Las solteronas —dice Peinado— eran un estigma para la sociedad, estaban amputadas socialmente. No cumplían la misión fundamental que desempeñaban las mujeres en la vida. Además, esas mujeres solteras no estaban «controladas», estaban al margen de la familia patriarcal, la estructura que al Estado le interesaba consolidar. De ahí que el ejercicio del franquismo fuera denostarlas permanentemente.

No olvidemos que estamos hablando de un momento en el que en España las mujeres estaban, sin eufemismos, tuteladas pasando de una tutela (la paternal) a otra (la marital). Así, en publicaciones de la época como la revista *Medina*[25] se podían leer joyas como esta:

> La vida de toda mujer, a pesar de cuanto ella quiera simular, o disimular, no es más que un eterno deseo de encontrar a quien someterse. La dependencia voluntaria, la

[24] Peinado, M., *op. cit.*

[25] *Medina. Una revista para la mujer. Un semanario para el hogar*. Con semejante subtítulo, ya sabemos lo que se podía esperar de esta publicación semanal, en circulación de 1940 a 1945, de la Sección Femenina, la rama femenina del partido fascista de la Falange Española.

> ofrenda de los minutos, de todos los deseos y las ilusiones, es el estado más hermoso, porque es la absorción de todos los malos gérmenes —vanidad, egoísmo, frivolidades— por el amor»[26].

El análisis semántico de este párrafo nos llevaría horas; el ideológico aún lo estamos pagando. «Menores de edad de por vida. Ciudadanas de segunda. Eso dejaba muy poquito margen de actuación», recalca Peinado.

La ley del silencio

> Necesitaba palabras porque las familias infelices son un pacto de silencio. Quien rompa el silencio jamás será perdonado.
>
> (De *¿Por qué ser feliz cuando puedes ser normal?* de Jeanette Winterson).

Si hay algo que suele ir asociado a la mística es el secretismo. El misterio exige silencio. Para que siga funcionando, para que se siga transmitiendo y, sobre todo, para que se siga creyendo en él. «Las mujeres están sometidas a una enorme presión —dice Fernández Peinó— que dictamina que hay que aguantar, que no se puede hablar, por ejemplo, de un aborto o del propio puerperio que es durísimo… Esos primeros años de crianza, de lactancia son terribles y nadie lo dice». Así, las madres callan y no cuentan. O lo hacen, con culpa y con vergüenza, en privado. En palabras de Jaqueline Rose, en «una especie de club o sociedad secretos, cuyos miembros

[26] Recogido en *Enseñando a señoritas y sirvientas*, cit.

hubieran jurado no aclarar nunca del todo por qué se apuntaron, ni de qué hablan de puertas adentro»[27].

Pero también nosotras, las hijas, formamos parte de ese club alimentado por la culpa. Tampoco osamos discutir esa perfección, ese amor feroz, ese credo; ni nos sentimos libres de decir que, a lo mejor, tampoco era lo que esperábamos. Y en esa relación bilateral de mutismo, el modelo se eterniza para regocijo de algunos y lamento de otras.

> Me siento fatal diciendo cualquier cosa *mala* de mi madre. Ni siquiera he abierto todavía este melón en terapia. Me da mucha pereza. Es verdad que es un tema con el que ahora convivo bastante bien. Pero lo he pasado horrible. Durante mucho tiempo, he pensado que mi madre no me quería.
>
> Sol, 40 años, una hija, una hermana y un hermano.

> Me ha costado muchísimo tocar el tema de la relación con mi madre en terapia. Al principio, antes de verbalizar algo de mi madre que me hería, me sacaba de mis casillas o me exasperaba, tenía que reiterar mil veces lo mucho que la quería y lo inmensamente agradecida que le estaba. De hecho, es un tema que solo trato en terapia o hablo con mi hermana y con absolutamente nadie más.
>
> Bruna, 36 años, sin hijos, una hermana.

> Se habla con cierta ligereza sobre lo pesadas que son las madres porque casi todas las hijas lo dicen de las suyas, pero creo que nunca se profundiza mucho más allá de eso, de esa queja recurrente, generalizada e intrascendente. Me ha

[27] Rose, J., *op. cit.*

costado mucho no tapar todo esto que siento, darle salida a mi dolor.

Rosa, 48 años, sin hijos, tres hermanas y un hermano. Madre fallecida.

Hablar sin tapujos de este tema me ha costado horrores. Aún sigo sintiendo un cierto sentimiento de culpa o de traición si simplemente me expreso en lo tocante a mi relación con ella.

Alejandra, 48 años, sin hijos, tres hermanas.

No recuerdo el momento exacto en el que empecé a hablar de esto, pero creo que fue a raíz de empezar a recibir ayuda psicológica. De repente, sentí que había alguien enfrente, una terapeuta, que reafirmaba mis pensamientos. Y ahí me dije que todo lo que tenía dentro no eran ideas erróneas o caprichos de niña. Era algo que se sustentaba. Entonces empecé a contar mi historia con menos vergüenza. Hasta ese momento, había llevado todos esos malestares en silencio por una cuestión de lealtad. Me daba vergüenza mencionar mi situación y que los demás la conocieran, pero también estaba protegiendo a mi madre porque sabía que ella no lo estaba haciendo bien.

Lea, 45 años, sin hijos, dos hermanas.

Me costó varios años de terapia y de dar vueltas alrededor del tema. Cuando por fin llegué, me sentí como una niña pequeña. Lloré por haber tenido esos pensamientos negativos hacia mi madre y luego sentí una liberación increíble. Sabía que lo que estaba buscando estaba ahí y que tenía mucho que ver con mi forma de relacionarme, especialmente en relaciones amorosas. La primera vez solo podía pensar: «¡Qué horror de hija soy! ¡Qué desconsiderada! ¡Qué egoísta!». Verbalizarlo fue el peor momento. Me maltraté muchísimo y luego, poco a poco, fui quitándole hierro. Creo que nuestra responsabilidad como hijas está en aligerar esas sensaciones de culpa y de drama.

Gabriela, 44 años, un hijo, un hermano.

Yo espero

Siempre deseé y esperé que mi madre me quisiera, me apoyara, me cuidara, me protegiera, me mostrara un amor incondicional y me lo expresara. Finalmente, no dejas de ser un animalillo indefenso, una cría, su cría, y eso es lo que demandas y lo que necesitas.

Rosa, 48 años, sin hijos, tres hermanas y un hermano.
Madre fallecida.

Sigo echando de menos la presencia de una madre. La avidez de madre persiste y creo que va a estar ahí de por vida. Incluso ahora cuando veo madres e hijas y la relación que mantienen, siento cierta envidia.

Lea, 45 años, sin hijos, dos hermanas.

Y es que, claro, por mucho arquetipo terrorífico y agobiante, por mucho constructo cultural, por mucha maternidad hegemónica y muchas expectativas hiperexigentes que pululen en torno al concepto de ser madre, igual para un hijo lo normal es esperar que le quieran. Así, sin darle mucha vuelta. «Un niño espera recibir un amor incondicional de un progenitor, aunque raramente las cosas son así»[28].

[28] Winterson, J., *op. cit.*

¿Cómo hacer para que ese legítimo deseo conviva con intentar entender aquellos maternajes complicados, máxime cuando es a una a quien le toca vivirlos? ¿Y cómo sobrevivir cuando nos han educado en la idea de un amor ilusorio que es diferente a todos los demás y tiene el superpoder de escapar de cualquier error, duda o ambigüedad? Del Olmo lo aclara:

> Cuando empecé a estudiar el tema de la maternidad era totalmente constructivista desde el punto de vista sociológico. Para mí, eran todo esquemas culturales mamados desde la cuna. Sin poder evitarlo, con los años me he ido haciendo biologicista. Creo que hay una base natural que fundamenta ese mito de que una madre ha de ser una buena madre. Es complicado afirmar esto porque parece generar aún más culpa. Pero es lo contrario. Si todas tendemos a ser buenas madres, cuando no lo somos es que nos están fastidiando. En nuestra vertiente mamífero-maternal, hay una tendencia que fundamenta la idea de una madre mínimamente entregada porque si no, no habría ocasión de generar la supervivencia de las crías. Entonces, ¿cómo se justifican esas vivencias maternofiliales tan sufridas por ambas partes? Claramente, por un entorno muy hostil.

EL OFICIO

Para que toda esta mística fuera rentable y eficaz había que concretarla en una especie de profesión de tintes no solo obligatorios sino también privativos. Y hete aquí que el etéreo ángel de la casa se convertía, por algún encantamiento milenario, en corpórea ama de casa cuidadora. Y lo que es más, pareciera que ese arte del maternaje estuviera reñido con cualquier otro desarrollo no ya profesional sino vital. Así, se garantizaban tres aspectos de suma importancia para el sistema. Uno, tener a las mujeres condenadas a un coto cerrado, el doméstico; dos, tener asegurada esa fuerza de trabajo imprescindible para que la maquinaria siguiera funcionando y tres, que si esa fuerza de trabajo alguna vez se incorporaba al mal llamado espectro productivo (entonces ¿qué son los cuidados?), sería con labores peor remuneradas. Un plan sin fisuras. Si a la mujer no se le iba a pagar por su trabajo (ama de casa y madre) había que inventarse algo realmente bueno para convencerla de no abandonar el hogar. La identidad de género y el ideal de maternidad hicieron el resto. Y no solo eso sino que este invento prometía hacer del mundo un lugar mejor y más feliz, también para las mujeres y sus hijos. Este sistema cuasi legendario no hace sino incidir en la asimetría perpetua en la que vivimos, que divide el universo entre hombres y mujeres, sujetos y objetos, agentes e instrumentos, productores y reproductores… En *El libro de mi madre*, Cohen escribe acerca de su madre: «Su vida era su apartamento, escribir a su hijo, esperar las cartas de su hijo, preparar los viajes de su hijo, esperar a su marido en el apartamento silencioso, desearle la bienvenida cuando llegaba, estar orgullosa de los cumplidos de su marido». Esperar. Vivir para, por y a través del otro. Como profesión. ¡Fuera el egoísmo, fuera la ira, fuera la queja y fuera la falta de paciencia! ¡Bienvenidos el sacrificio, la resignación, el altruismo, el estoicismo y la entrega sin límites! Una vez más un estatus de icono que aplana allá por donde pasa sin tener en cuenta ninguna otra circunstancia que no sea la de ser madre. Un patrón que va cambiando lentamente, pero que, desde luego, fue recurrente para las generaciones anteriores.

Esa maternidad hegemónica se apoyaba en una realidad indiscutible e indiscutida: la división del trabajo. Una gran mayoría de las mujeres estaban condenadas al espacio doméstico, en un «proceso de domesticidad, y con ello de domesticación»[1], tal y como lo define la investigadora Mercedes Bogino. El espacio vital de las mujeres limitado y restringido frente al abierto, público y liberado masculino. Retamozo contextualiza:

> El esquema patriarcal familiar nos divide entre espacio público y espacio privado. El público, dominado por los hombres, es el espacio de la política, de la plaza pública, del trabajo productivo. Las niñas y las mujeres hemos sido relegadas al espacio de lo privado, a la reproducción, al sostén emocional, a todos los trabajos de cuidados que, por otro lado, son imprescindibles y necesarios. El problema es que, además de negarnos determinadas esferas en función de si somos mujeres

[1] Bogino, M., «Maternidades en tensión. Entre la maternidad hegemónica, otras maternidades y no-maternidades», *Investigaciones feministas*, vol. 11, n.º 1, Ediciones Complutense, 2020.

> u hombres, se ha otorgado un valor distinto al espacio público y al privado. Se ha convertido la diferencia en desigualdad. Ya no es solamente que nos segreguen en áreas distintas de la vida, sino que esas áreas tienen un prestigio distinto. Y nos dicen que las niñas pertenecemos a ese espacio privado de la crianza (desprestigiado) y los chicos al espacio público del desarrollo (prestigiado socialmente).

De esta férrea diferenciación se derivaban asuntos como que el «potencial de reproducción (biológica, social y cultural) permanecía bajo el control masculino»[2]. Y, sobre todo, otorgaba a la maternidad unos tintes de exigencia la mar de castrantes: ser madre no era una elección, era un deber (en el caso español, a la patria). Una interesada noción de la maternidad que lo apostaba todo a lo hormonal olvidando las construcciones culturales, que hacía de la posibilidad, obligatoriedad y que nos ha llegado casi intacta a fecha de hoy, por mucho que Emilia Pardo Bazán hace más de un siglo ya se largara consignas como esta: «La maternidad es una función temporal, no puede someterse a ella entera la vida: todas las mujeres conciben ideas, pero no todas las mujeres conciben hijos»[3]. El resultado inmediato de todo esto es el de *mujeres con deseos* versus *madres con deberes*. De nuevo, la mujer anhelante frente a la madre renunciante. Altruismo contra hedonismo. Por algún extraño motivo, si bien un padre puede compatibilizar su flamante carrera profesional o sus decenas de hobbies con una paternidad, a la mujer le cuesta horrores hacerlo y su vida anterior se ve dinamitada con la llegada de infantes. Curioso. Una disparidad basada en tres creencias

[2] Bogino, M., *op. cit.*
[3] Peinado, M., *op. cit.*

comúnmente aceptadas: que todas las mujeres quieren ser madres, que todas las madres necesitan a sus hijos y que todos los hijos necesitan a sus madres[4]. Haber elevado esta especie de silogismo a la categoría de mito ha funcionado a la perfección para anular a las mujeres, privarlas de autonomía y hacer que la coexistencia de la identidad femenina con la maternidad sea un tema espinoso, tanto si decides serlo (madre) como si no. Y sí, esta cortina de humo también nos ha afectado a nosotras, hijas, en la concepción que hemos hecho sobre ellas, nuestras madres-madres.

Y como según este ideario lo de ser madre viene de serie, no hay posibilidad alguna de que esta función sea valorada como tal. Una labor no reconocida, cuando no directamente invisibilizada. Lo que sí sucede es que de no seguir ese «mandato natural» serás una mujer a medias, una mala madre o una mala mujer. Winterson resume muy bien ese mecanismo tácito y fullero en el que nada es lo que parece con tal de que todo siga pareciendo lo que debe:

> Las mujeres se encargaban de la familia y de la comunidad, pero la invisibilidad de la contribución de las mujeres, que ni se medía, ni se pagaba, ni era recompensada socialmente, significaba que mi mundo estaba lleno de mujeres fuertes y capaces que eran «amas de casa» y tenían que depender de sus maridos. Mi madre lo hacía con mi padre. Ella sentía desprecio por él (y eso no era justo), pero le llamaba el cabeza de familia (y eso no era cierto). Ese esquema doméstico/marital se repetía allá donde mirara[5].

[4] Solé, C. y Parella, S., «"Nuevas" expresiones de la maternidad. Las madres con carreras profesionales "exitosas"», *Revista Española de Sociología*, n.º 4, Federación Española de Sociología, 2004.
[5] Winterson, J., *op. cit.*

Un trabajo ni apreciado, ni reconocido, pero sí pautado hasta el ahogo. Instinto, sí; pero con las normas que la sociedad dictamine para que entre dentro de los raíles del buen maternaje. Por ejemplo, y tal y como se queja Retamozo, «las librerías están llenas de literatura sobre maternidades responsables o cómo criar siendo madre. Pero ¿y las paternidades?». Unas reglas que han ido pegando considerables bandazos de una década a otra. Por poner tan solo un par de ejemplos de esta fluctuación de los dictados de lo que está bien y lo que no: en los años veinte del pasado siglo, los «expertos americanos» (englobe esto lo que englobe) se sacaron de la manga que coger a los niños en brazos si lloraban era el colmo de la mala educación, una costumbre que quedó lo suficientemente arraigada como para ser perpetuada con ahínco en décadas posteriores. En los años cuarenta, sin embargo, se generó un clima de opinión en el que lo realmente preocupante era no atender a las necesidades afectivas del bebé. Esta reprobable conducta era garantía infalible de estar criando un criminal. Reglamentos enunciados por una tropa de supuestos técnicos, en su mayoría hombres, de cómo es una buena madre y de cómo, por defecto, lo es una mala.

Porque lo que en última instancia sucede con todo esto es que el peso recae en un solo sujeto: la madre que lo hace bien o la que lo hace mal, la que es buena o la que es narcisista, la que cría convenientemente a sus hijos o la que les provoca trastornos psicológicos de aquí a la eternidad. «Este tipo de enfoques dejan completamente de lado la responsabilidad de los padres en la atención de los hijos y el contexto institucional»[6]. Por no hablar de cómo nos han distorsionado también a nosotras la mirada. La culpa de todo la tiene…

[6] Solé, C. y Parella, S., *op. cit.*

> Mi madre tiene dos hermanos. Uno de ellos quedó viudo cuando sus hijas eran aún muy pequeñas. En ese momento, él decidió venirse a vivir a la casa de al lado nuestro. Mi madre le dijo que le parecía muy bien, pero que ella no pensaba hacerse cargo de sus hijas porque ella ya tenía las suyas propias, su trabajo y su vida. Recuerdo que cuando me enteré de aquello pensé: «jo, mi madre, qué egoísta». Luego, pensándolo con el tiempo, me he dicho: «pues muy bien hecho». Porque claro, mi madre era su única hermana. Él no se fue a vivir al lado de su otro hermano…
>
> Celia, 49 años, una hija, una hermana.

Esta historia resulta más que clarificadora para entender dos cosas. Una, que los cuidados eran un asunto femenino. Sin discusión. Y dos, la percepción de esta obligatoriedad como mandato divino. Una creencia absolutamente transversal, tanto que también a nosotras, las hijas, nos parecía *lo normal.* Las mujeres cuidan. Lo que les toque y a quien les toque. Si no lo hacen, es que algo falla. Y, ay de ti, si te toca sufrir semejante madre díscola en tus carnes… El rencor brotará tarde o temprano. «No te preocupes que si hay que culpar a alguien, será a la madre», ironiza Fernández Peinó.

El resultado de todo este armazón son mujeres anuladas, programadas para un sola función («Mi madre dejó de trabajar fuera de casa. Aquello resultó fatal para ella, transformó su naturaleza introvertida en una depresión amurallada»[7]) y con la autoestima por los suelos. Una «autoestima en cautiverio»[8] que proviene de una falta de autoidentidad. Vivo para los demás, no me construyo como ser completo y mi único camino

[7] Winterson, J., *op. cit.*

[8] Lagarde y de los Ríos, M., *Claves feministas para la autoestima de las mujeres*, Horas y Horas, 2001.

de realización es la familia y sus componentes. Seres para el amor sin amor propio. Lógicamente y como veremos más adelante, esta jaula no ayuda a crear relaciones a futuro autónomas en las que cada cual tenga su parcela independiente y nosotras, las hijas, podamos ser organismos adultos y autosuficientes. Si condenas a la mitad de la población a una función (la maternal) o se la impones como doble carga (laboral y familiar) limitándole el acceso al resto de esferas públicas, es fácil que esa función acabe convirtiéndose, en muchos casos, en una estructura compleja de defender y de mantener para ella y para los y las que vengan detrás.

«Soy tu madre»

En 1990, Mike Godwin (abogado o sociólogo según cual sea la fuente consultada) enunciaba la ley de Godwin, también conocida como regla de analogías nazis de Godwin. La teoría exponía que a medida que una discusión online se alargaba, la probabilidad de que apareciese una comparación en la que se mencionase a Hitler o a los nazis tendía a uno. Cuando en una polémica en Internet alguien hacía el símil y llamaba a su oponente ideológico «nazi» o hacía una comparativa con Hitler, la polémica inmediatamente se cerraba perdiéndola el que hubiera utilizado tan manida comparación. Básicamente, esta cancelación del hilo argumental se apoyaba en que el tema se había desviado lo suficiente del punto de partida como para que por allí se mentaran Hitler y sus fans[9]. Algo parecido ocurre con «Soy tu madre». Una frase que, en

[9] Esta teoría ha sido rebatida destacando la pertinencia de la comparativa en algunas ocasiones. En 2021 un estudio empírico centrado en posts de Reddit demostró su falta de vigencia.

una discusión alargada con una progenitora, tiene enormes probabilidades de salir a relucir. Y una sentencia que, al igual que sucede con la ley de Godwin, acalla cualquier posibilidad de respuesta. Soy tu madre. No hay más que hablar. Soltada como un dardo paralizante, la máxima agota cualquier posibilidad de argumentar, discutir o llegar a un acuerdo. Hay una entidad superior, una fuerza suprema que silencia, manda, ordena y dicta. Solo queda callar y acatar. Lo curioso de esta escueta y letal réplica es que no caduca. Jamás. No importa los años que pasen, seguirá utilizándose como estéril recordatorio de un estatus perenne. Ni siquiera importan las edades de las contrincantes. Da lo mismo si la hija frisa la cuarentena o se halla ya inmersa en sus cincuentas. Lo paradójico del asunto es que a semejante dogma de fe se le podría responder con otra verdad igual de incontestable: «Soy tu hija». Pero, claro, en esta dimensión maternofilial en la que nos hallamos, la rotundidad de semejante afirmación carece de consistencia. El historietista Quino plasmó muy bien esta circunstancia en una tira de Mafalda. En las viñetas se veía a una alucinada Mafalda preguntando: «Pero… ¿por qué tengo que hacerlo?». A lo que una voz respondía con la fórmula del hechizo: «¡¡Porque te lo ordeno yo, que soy tu MADRE!!». Mafalda espetaba una contrarréplica tan exacta como inútil: «¡¡Si es cuestión de títulos, yo soy tu HIJA!! ¡Y nos graduamos el mismo día! ¿O no?».

> El «porque soy tu madre» sigue siendo, a mis 48 años, argumento incontestable. Cuando mi madre pronuncia esas palabras mágicas, la discusión se muere por inanición y yo, automáticamente, quedo sin argumentos. Si ella me reprocha algo y yo le digo que ella ha hecho exactamente lo mismo cinco minutos antes, me soltará el «ya, PERO es que YO

> soy LA madre» que justificará esa conducta, pero solo para ella. Como si fuera un derecho divino e incuestionable, una bula papal o la inviolabilidad del rey... ¡Y eso que mi madre no es monárquica!
>
> Alejandra, 48 años, sin hijos, tres hermanas.

Podría parecer baladí detenerse en esta cuestión casi lingüística. No lo es. Estas tres palabras («soy tu madre») encierran una parte importante de la problemática. Y es haber confundido la parte con el todo y haber hecho de una circunstancia supuestamente temporal una profesión vitalicia que nos deja a nosotras privadas de cualquier otra identidad que no sea la de hija. La confusión resulta bastante comprensible teniendo en cuenta que el sistema promovía una educación que, como ya hemos visto, basaba la identidad femenina en una sola realidad: ser madre y esposa.

Si el campo de acción se reduce tanto, los riesgos de volcar los posibles trastornos psicológicos, heredados o ambientales en los poquitos metros cuadrados al alcance de una se multiplican. Y en esos poquitos metros cuadrados estamos nosotras, las hijas. Pero también es esperable ese aferrarse más allá de lo razonable a la única jerarquía en la que se puede aspirar a cierta supremacía. ¿Cómo abandonar los únicos privilegios concedidos? ¿Cómo no considerar que esas criaturas a tu cargo son tuyas para siempre jamás? El resultado es una suerte de repetición de la estructura de privilegios imperante en el sistema patriarcal. Un sistema en el que la madre ejerce su poder sobre quien puede: los hijos, especialmente las hijas, ya que, no lo olvidemos, lo que se está reproduciendo con exactitud pasmosa es la organización patriarcal y ahí fuera ya sabemos cómo funciona esto. Lagarde lo deja claro en *Claves feministas para la autoestima de las mujeres*: «El espacio familiar es de supremacía patriarcal: en él las mujeres deben reproducir el orden social, la cultura y la política de supremacía, sobrevivir, desarrollarse y realizar anhelos trascendentes». Y no solo eso: «Con toda su carga patriarcal, el ámbito familiar es simbólicamente femenino, las mujeres están sobreidentificadas con la familia y tienen el deber social de reproducir el orden familiar y mantener en funcionamiento cotidiano y trascendente a la familia, aunque esto implique recrear un orden y modo de vida opresivos y limitantes para el desarrollo personal de las mujeres».

Si a esto le sumamos la sensación de superioridad que va unida al ejercicio de la maternidad, la combinación se vuelve complicada: «La vivencia de la propia omnipotencia en el ejercicio de la función materna es uno de los sustratos básicos en que se apoya el ideal maternal, a pesar de las costosas renuncias que conlleva. El hecho de que la supervivencia del niño pequeño dependa de la madre hace a esta sentirse poderosa por primera vez, y con la sensación de que tiene a alguien completamente bajo su control»[10]. Una sensación, en realidad, bastante engañosa: la autoridad de la madre, un poco como ocurre con los cuidados, no tiene ninguna validación social y tan solo emana de la dependencia física y emocional que tienen hacia ella el resto de los miembros de la familia. De ahí que fomentarla se haga, a veces, de manera casi inconsciente.

Desde el otro lado —el de una hija que nos habla aquí como madre—, Celia nos relata una experiencia que resulta tremendamente esclarecedora, tanto para desembrollar los engranajes de ese mal uso de la autoridad como para entender cómo se articula esa simbiosis madre-hija de la que hablaremos más

[10] González de Chávez Fernández, M. A., *op. cit.*

adelante. Una simbiosis de la que cuesta horrores desprenderse y que, en la edad adulta, seguimos sin entender muy bien de dónde viene. En este testimonio, quizá, se encuentren algunas claves:

> En una ocasión fui muy consciente de cómo actúa esta construcción del poder cuando eres madre en relación a tus hijos. Un día en el que me sentía especialmente mal, triste y frustrada, y mi hija estaba algo revolucionada, tampoco nada fuera de lo normal, lo pagué con ella. Fue como si a través de ella pudiera dejar atrás mi malestar. Durante un momento mínimo sentí el deseo de machacar a mi propia hija para quitarme mi frustración de encima. De repente me vi abusando de mi poder sobre ella. Fue horrible. Pero lo peor fue ver su reacción: ella me repetía una y otra vez que si yo no estaba bien, ella no podía estarlo; que tenía la culpa de todo; que lo había hecho mal… ¡Se sentía responsable de mi infelicidad! Me preguntaba con una congoja infinita que si ya no la iba a querer más. Ahí fui consciente del poder inmenso que tienes sobre una niña y de lo tentador que puede llegar a ser. Por supuesto, le pedí perdón y le intenté explicar lo que me había pasado en unos términos en los que ella pudiera entenderlo. Me di cuenta de cuántas veces nuestras madres han estado en esa situación y no han sabido verlo ni detectarlo. Pero, claro, si yo que ya soy de otra generación, que me he mirado y estudiado, corro el riesgo de caer en este tipo de actitudes, ¡no puedo ni imaginar nuestras madres! En los nueve años de existencia de mi hija, le he pedido perdón mil veces. No recuerdo a mi madre excusándose con mi hermana o conmigo ni una sola vez. Nunca.
>
> Celia, 49 años, una hija, una hermana.

Una vez más el problema es el de siempre: no tanto el poder, sino cómo se ejerce ese poder. Una estructura del privilegio que permanece intacta en cuanto se accede a él y que se produce bajo unas coordenadas marcadamente patriarcales, lo ostente quien lo ostente. Una interiorizadísima repetición del modelo que corre el riesgo de no acabarse nunca si no estamos permanentemente en guardia. Y que en este caso es doblemente peligrosa: la relación dista de ser entre iguales. No olvidemos que con quien se está perpetrando esa vinculación basada en un injusto remordimiento no solo no es un adulto, sino alguien que depende, en todos los sentidos, de sus cuidadores. Como plantar la semilla de una responsabilidad absurdamente fuera de escala en un terreno más que abonado y que, con cierta probabilidad, nos hará sentirnos causantes de los estados de ánimo de nuestras madres (y, de rondón y a futuro, de todo nuestro entorno) para siempre jamás. Y, de alguna manera, compelidas a ser adultas antes de tiempo. Madres de nuestros progenitores.

> Sentí que me empujaban muy rápido a ser adulta. Era más responsable que mi madre. No me hacía cargo de la parte de intendencia, obvio; pero sí de la parte emocional de los individuos de mi casa. Mis padres discutían un montón y yo iba a negociar con uno y con otro. Era una niña adulta. Luego cuesta muchísimo despojarse de esa cosa controladora, cuidadora, responsable de absolutamente todo… A veces me gustaría poder soltar ese rol que asumí tan de pequeña y me resulta casi imposible. Pongo un ejemplo: intuyo que mis padres tenían un acuerdo de hacer un poco lo que quisieran. Ahora mismo lo respeto y lo comprendo, pero en aquel momento era muy difícil. Mi madre tenía un amante y se peleaban mucho. Y cuando esto pasaba, mi madre se volvía

loca y la tiraba contra nosotras y eso había que sostenerlo. Esto lo puedo contar hoy, pero en aquella época era muy doloroso. Recuerdo un día, con doce o trece años, mis padres estaban por ahí y a las cinco de la mañana no habían llegado a casa… Yo no conseguía pegar ojo pensando que había pasado algo. Era la época de los buscas. Me recuerdo llamando y dejando un mensaje para el abonado tal. «Papá, estoy preocupada, llama por favor». Daba mucha pena. Entonces me llamaban desde una cabina, de una discoteca chillando: «Sí, estamos aquí, llegamos dentro de un rato». Y yo pensaba: «¡Están vivos!». Es cierto que luego eran muy amorosos con nosotras, pero aquella responsabilidad era terrible.

Celia, 49 años, una hija, una hermana.

La ruptura

> Siempre deseó que todo el mundo se marchara lejos. Cuando yo lo hice, nunca me lo perdonó.
>
> (De *¿Por qué ser feliz cuando puedes ser normal?* de Jeanette Winterson).

Curiosamente, muchas de las hijas entrevistadas para este libro reportan como punto de quiebra en la relación con sus madres el momento en el que se independizaron y decidieron dejar el hogar familiar. El famoso síndrome del nido vacío convertido en herida abierta imposible de cicatrizar.

Sitúo la ruptura cuando me voy de mi casa a los dieciocho, cuando dejo de estar físicamente allí. La sensación de alejamiento se acrecienta a los veintipocos, cuando empiezo a aprender otras cosas. Y se agudiza cuando, por primera vez en mi vida, voy a terapia y me doy cuenta de que había normalizado o asumido actitudes que no funcionaban. Como, por ejemplo, esa idea de que en la familia todo vale y se puede con todo. Mi madre ha remado con todo y no creo que eso la haya beneficiado a ella, pero tampoco al resto de la familia.

Bruna, 36 años, sin hijos, una hermana.

Todo empezó cuando me fui de casa. Mi madre me decía que la había abandonado, que cómo le había podido hacer aquello. Y yo pensaba: «Pero ¿cómo que te he abandonado? Tengo veinticinco años. Estás casada con mi padre y mi hermano sigue en casa». Recuerdo que mucho después, cuando lo dejé con un novio, ella me dijo que lo que tenía que hacer era volver a casa con ellos, que dónde iba a estar mejor... Era incapaz de entender que aquel planteamiento no tenía sentido alguno. Mi padre, sin embargo, sí. Veía que yo tenía que hacer mi vida independiente. Creo que, inconscientemente, mi madre siempre pensó que lo de independizarme era la típica cosa de adolescente, pero que acabaría volviendo. Y también creo que se mezclaban en ella varios sentimientos: por un lado, el orgullo de ver a su hija emancipada; por otro, cierta envidia; y también, el miedo absoluto. Pero lo que yo percibí es que cuando nosotros, sus hijos, nos fuimos de casa, su identidad se desvaneció por completo.

Manuela, 46 años, sin hijos, un hermano. Madre fallecida.

Siempre tuve un espíritu muy aventurero, quería ver cómo era la vida en otros sitios y me marché muy pronto de casa. A partir de ahí empezó una relación a distancia con mi madre que se volvió muy tensa y llena de discusiones. Imagino que empecé a desarrollar mi propia manera de ser, mi propio criterio y a mutar en una dirección vital que no era la de mi hogar, ni lo que me habían enseñado.

Gabriela, 44 años, un hijo, un hermano.

Siempre pensé que el día que me fuera de casa sería algo casi a celebrar. Una especie de rito de paso cumplido. No fue así. Para mi madre, de hecho, fue muy traumático, casi una traición. Me iba de una casa en la que la situación tampoco era idílica y la abandonaba. El día que mi madre vino a conocer aquella primera casa a la que me había mudado, salió llorando. Yo no entendí nada. Aún hoy, me sigue pidiendo, a veces en broma, otras no tanto, que regrese.

Alejandra, 48 años, sin hijos, tres hermanas.

«Hay que entender que, en el contexto del que estamos hablando, muchas mujeres dejaron de trabajar solo porque era lo que se esperaba de ellas. Para cuando esos hijos estuvieran criados, esas mujeres no tendrían ninguna posibilidad de reincorporarse al mercado laboral. Entiendo que hay ahí un proceso de frustración permanente», comenta la historiadora Matilde Peinado. Si solo existes como madre y en ese ideal del amor maternal como profesión te has desarrollado, ¿cómo abandonar la crianza?, ¿cómo entender que aquello era algo finito y no vitalicio?, ¿cómo, en definitiva, renunciar a una misma y a lo que en algunos casos, tal y como afirma De Beauvoir, se ha convertido en extensión de una misma, las hijas?, ¿cómo no vivir la hijidad casi como una posesión? Y, finalmente, ¿cómo admitir que, de repente, esas hijas piensen de otro modo y configuren sus vidas a su manera? ¿Cómo dejarnos ir, marchar y, sobre todo, ser? Un cordón umbilical al que, muy gráficamente, Donath[11]

[11] Donath, O., *op. cit.*

describe como una «soga al cuello» y que no parece haber evolucionado un ápice. Ya en los años setenta, cuando Friday entrevistó a cuarenta hijas sobre este asunto, la mayoría aseguraron tener «problemas para marcharse, a no ser que fuera para casarse» (ejem). Y el sentimiento predominante en esas madres *abandonadas* fue el de rechazo. El problema, claro, está en vivir la separación como una pérdida total en lugar de como algo que tiene que llegar y que simplemente supone una transformación en la relación tan esperable como deseable. Sufrirlo como un fracaso, casi como una penitencia, en lugar de como una oportunidad.

La historia interminable

Como manda la tradición en esto de los oficios, la transmisión generacional es imperativa. De madre a hija. Indefinidamente. Así, nos encontramos con la perpetuación garantizada de la horma. Y claro, como todo oficio, se aprende casi desde la cuna. «La compleja maquinaria se echa a andar en la infancia, con la muñeca de trapo, con los enseres domésticos en su versión juguete-de-plástico, con los relatos que enaltecen de manera precoz la procreación. Y la muñeca en los brazos no es nada inocente: "Si a una niña se le regala una muñeca[12], se le

[12] En España, la estrategia de la muñeca alcanzó cotas inimaginables con Mariquita Pérez, un verdadero fenómeno de la época cuyo imperio, según cuenta Martín Gaite en *Usos amorosos de la postguerra española* (Anagrama, 1994) «llegó a tener sede propia: una tienda encabezada con el nombre de aquel mito de cartón y situada en la madrileña calle de Serrano, muy cerca de la plaza de la Independencia. Aunque, a decir verdad, poca independencia insufló a las niñas sometidas a su boba fascinación». Y, mientras los muchachos leían *Flechas y Pelayos* o *El guerrero del antifaz* («la mística de la masculinidad venía exaltada ya en los tebeos de aventuras dedicados a los niños»), ellas leían *Chicas*, «donde se les daban consejos de higiene, de comportamiento social, de cocina y de labores, y se las encaminaba hacia paraísos de ternura sublimados en breves relatos de final feliz».

está regalando por añadidura su maternidad", advierte la escritora chilena Diamela Eltit. "Si a un niño se le da un autito, lo que se le regala es la capacidad de manejar. La capacidad de seguir un camino y encabezarlo". Quien no pueda conducir deberá ser conducido, y las mujeres son empujadas a su destino materno»[13]. Así, las hijas serán domesticadas y entrenadas en los cuidados, en su deber de servir y, por ende, en la indestructible segmentación sexual del trabajo. Una cadena irrompible.

> Conmigo dejaron de replicarse todos los modelos que se habían ido cumpliendo en todas y cada una de las diferentes ramas y generaciones de mi familia. Ni boda, ni casa comprada, ni hijos. Yo sé que a mi madre le hubiera encantado tener nietos. Es cierto que no lo verbaliza porque creo que ella también está haciendo el ejercicio de entender que las vidas son las que son, las circunstancias son las que son y los momentos vitales de cada uno son los que son. Pero ese deseo insatisfecho está ahí.
>
> Bruna, 36 años, sin hijos, una hermana.

> Mi madre siempre ha mostrado su descontento con mis elecciones vitales. Raramente le han satisfecho o contentado del todo. No entiende y, a veces directamente, no tolera que no haya seguido un patrón, el suyo, que me haya desmarcado, que haya decidido vivir de alquiler, no tener hijos, ni marido o una vida más *ordenada*. Por no hablar de cuestiones ideológicas. Le provoca una mezcla de irritación y de sensación de descontrol. Como que algo —yo— se le escapa.
>
> Alejandra, 48 años, sin hijos, tres hermanas.

[13] Meruane, L., *Contra los hijos*, Penguin Random House, 2018.

Salirse de ese destino escrito es, en muchas ocasiones, motivo ineludible de conflicto. Un conflicto en el que seguimos inmersas. Castigadas. La madre abnegada que ha abrazado, a veces a regañadientes, su sino sin rechistar ve cómo su doble se transforma en otra. La niña obediente ya no lo es tanto[14]. Rompe con el programa establecido cuestionando que aquel mandato celestial fuera ni tan celestial ni tan mandatorio. Igual esa querencia porque repitamos el molde viene de un lugar bien sencillo: el de no querer enfrentarse a la rabia de sentir que las han engañado, que han dirigido sus metas y sus ambiciones de un modo tan injusto como innecesario. Y quizá verlo tan meridiano en la propia hija revuelve. Las consecuencias de percatarse de toda esta estafa nos salpican directamente a nosotras, convertidas, por un perverso truco de magia, en el reflejo que ellas, nuestras madres, querrían no ver.

En *The Chalk Garden* (Ronald Neame, 1964), una película que bucea sin mucha consideración en las atrocidades que se pueden cometer en el nombre de «yo soy tu madre», se produce este diálogo entre una hija que pide a su madre que la apoye, recibiendo por toda respuesta la recriminación de una madre que se siente traicionada en sus valores más profundos. A pesar del envoltorio un tanto anticuado, es más que probable que, tristemente, resuene a no pocas lectoras:

> —A pesar de que discutamos mil veces, y sé que esta no será la última, ponte de mi parte para variar. Ayúdame.

[14] Aquí, varias autoras añaden el nada desdeñable (y menos en estos tiempos) componente de la edad: que la hija se haga adulta y actúe a su antojo puede ser el inexorable recordatorio de que los años pasan y las madres envejecen. Como cantaba Franco Battiato: «Qué difícil es seguir, padre, cuando el hijo crece y las madres envejecen» (de la canción «Bandera blanca», incluida en el disco *Nómadas*, 1987).

—¿Cómo te atreves a pedirme eso? Siempre me has odiado y te has enfrentado a mí. Has despreciado mis principios y te has burlado de mis ideales. Has despedazado toda decencia.

Flotan en el aire conceptos como la ley, el orden, la jerarquía, la obediencia o los preceptos. Un campo léxico, el de la autoridad, que en relaciones supuestamente adultas e iguales suena tan anacrónico como improductivo.

LOS MECANISMOS

> La señora Winterson era su propia sociedad secreta y deseaba que yo me uniera a ella. Era una doctrina compulsiva y la estuve poniendo en práctica en mi vida durante mucho tiempo. Por supuesto, es la base del amor romántico: tú + yo contra el mundo. Un mundo en el que solo existimos los dos. Un mundo que en realidad no existe, aunque estemos en él. Y cuando uno de nosotros le falla al otro…[1].
>
> (De *¿Por qué ser feliz cuando puedes ser normal?* de Jeanette Winterson).

El retrato de relación que pinta Jeanette Winterson con su madre, la señora Winterson, guarda unas cuantas similitudes con ciertas relaciones románticas que todas hemos vivido o visto de cerca. Ese amor total, ciego, exclusivo, restrictivo, inmortal y notablemente dependiente que ha sido considerado durante siglos como el único, genuino, verdadero y auténtico amor. Un sentimiento, EL AMOR, que no solo guarda asombrosas concomitancias con el tipo de relaciones maternofiliales objeto de este libro, sino que comparte mecanismos

[1] Este concepto aparece idéntico algunas décadas antes en el libro de Nancy Friday *Ma mère, mon miroir*, cit. «Nuestra madre ha basado nuestra educación en una cifra mágica: dos. "Somos dos contra el mundo. A veces, te regaño, obviamente, pero nadie va a quererte tanto como yo lo hago". Es para ella una manera de defenderse contra la angustia de una futura separación».

perturbadoramente parecidos en su funcionamiento. Una maquinaria que se sustenta en la culpa y en el miedo. Dos poderosos motores cuya facultad de retroalimentarse en bucles infinitos los vuelve indestructibles.

> La esencia de mi madre se encierra en una frase terrorífica que solía decirme con frecuencia: «Todo lo que hagas a lo largo de tu vida, cada decisión que tomes, tienes que pensar en primer lugar en cómo me repercute a mí».
>
> Juana, 50 años, tres hijos, una hermana.

Nótese que el sentimiento de posesión de algunas de nuestras madres hacia nosotras es de tal calibre que ni siquiera somos del todo dueñas de nuestras elecciones vitales y de las consecuencias buenas o malas que estas puedan acarrear. Es tal la simbiosis que no se trata ya ni de onda expansiva, es un solo organismo sufriendo los errores de una hija díscola y autónoma.

En este recuerdo de Juana se conservan intactos, a pesar del paso del tiempo, la falta y el temor. Dos amenazantes y bien afiladas espadas de Damocles que cuelgan no solo sobre nuestras cabezas, sino también sobre las de nuestras madres. Paradójicamente (en realidad, en absoluto), estos artilugios trabajan con milimétrico paralelismo en ambas direcciones y lo hacen casi a modo de perverso espejo. Así, una querría no levantar la mano culposa cuando la culpa atenaza nuestro reflejo materno, pero acabamos levantándola. Una desearía no escuchar la alarma lanzando señales cuando es nuestra madre quien es presa del pánico, pero acabamos compartiendo su terror como si fuera nuestro. Y es que quizá, en el fondo, aún siga siéndolo. Porque puede que el problema es que seguimos sumidas en una unión que nos hace sentir las angustias de nuestra madre como propias.

Hemos sido adiestradas en la culpa, la exigencia y el miedo, piedras angulares de nuestra educación. Incapaces (unas y otras, ellas y nosotras) de no responder a esa llamada absolutamente primaria por la cual la razón desaparece para dejar paso otra vez a la niña pequeña e impotente frente a la madre omnipotente. O, como veremos, a la hija omnipotente frente a la madre supuestamente dependiente. Impotencia y omnipotencia complementándose y alternándose en un inacabable intercambio de roles. Que aquí, por mucho que parezcamos ignorarlo, el juego de reflejos funciona como implacable apisonadora nivelándolo todo a su paso.

La culpa

> De hecho, los sentimientos de culpa son los grandes agresores de la salud mental de las mujeres, ya que en su cuerpo y en su mente están siempre en constante deseo de perfección para ser aceptadas y queridas por los que las rodean.
>
> (De *Mujeres invisibles* de Carme Valls Llobet).

En todo momento he tenido la sensación de que mi madre vivía su maternidad como una obligación que, por orgullo, desempeñaba mejor que nadie. Pero siempre me hizo sentir una mierda. En el fondo, me dejaba ver claramente que ella hacía todo aquello por mi culpa. Recuerdo que solía llevarnos merienda antes de ir a las actividades extraescolares de turno. Siempre nos traía la fruta pelada, con las mandarinas sin un solo hilo. Nunca nos dejó pelar ni cortar la fruta hasta que fuimos adultas porque le ponía de los nervios que chorreásemos. Sus amigos alucinaban cuando venían a casa: «estas dos jamelgas en edad de reproducirse y todavía les preparan la fruta». Un día, la fruta se cayó y desparramó y ella se puso a gritarnos que encima de todo lo que hacía por nosotras… Le respondí que nadie se lo había pedido. Casi le da algo… Pero es que ella lo hacía solo y exclusivamente para que nadie le reprochara nada, para ser perfecta, pero dejando claro en todo momento que si nosotras no estuviéramos, no tendría que estar haciéndolo.

Juana, 50 años, tres hijos, una hermana.

Mi madre nos abandonó definitivamente a mis hermanas y a mí cuando yo tenía catorce años. Ahí, me tuve que hacer cargo de todo. Con trece años, ya cocinaba y disponía de todas las herramientas para ser independiente. Y aun así, durante mucho tiempo, mi pensamiento recurrente era: «¿Qué va a ser de ella?». «¿Qué va a ser de mi madre?». Me sentía absolutamente responsable de su bienestar emocional y económico convertida yo, de repente, en la madre de mi madre. Se dieron mil situaciones surrealistas y muy demandantes por su parte, hasta que decidí poner distancia y salirme de ahí. Al principio, tuve una sensación de tranquilidad maravillosa mezclada con un sentimiento terrible de culpa. Me resistí a esa culpa. Era como dejar de tomar una droga, como dejar de fumar. Yo me decía: «Aguanta, aguanta». Y así pasaron casi cuatro años de barbecho. Sabía que ese silencio se rompería por algún tipo de acontecimiento en el que ella de nuevo me necesitara. Y así fue. Tuvo un problema de salud. Y volví a encontrarme con la niña demandando y yo volví a convertirme en la madre solucionando. Pero ya desde otro lugar mucho más práctico y menos emocional. En esos años de ausencia, yo coloqué cuanto tenía que colocar.

Lea, 45 años, sin hijos, dos hermanas.

Cuando empecé a salir de fiesta, ¡las que se formaban en casa! ¡Me llamaban anarquista!

Sol, 40 años, una hija, una hermana y un hermano.

Recuerdo que, durante mucho tiempo, mi madre siempre me decía que ella y yo estábamos totalmente unidas. Según ella, si me dolía la cabeza era porque a ella también o si estaba triste era porque ella también lo estaba. En algún momento, esa sensación se volvió agobiante y empecé a sentirme responsable de sus estados de ánimo. Por ejemplo, mis padres nunca se llevaron bien y yo sentía que debía hacer algo para que mi madre no lo pasara tan mal. Lo vivía como una obligación. Era algo que me incumbía. Tiempo después, mi madre me ha reprochado que yo no le cantara las cuarenta a mi padre en su nombre. Nunca he conseguido convencerla de que aquella no era mi función. Lo peor es que durante mucho tiempo me sentí culpable y mala hija por no haber hecho eso que ella esperaba de mí y que me pedía con tanta insistencia y naturalidad.

Alejandra, 48 años, sin hijos, tres hermanas.

Hace ya unos años, coincidiendo con su jubilación y con el hecho de que mi hermana y yo dejáramos el hogar familiar, mi madre empezó a encontrarse cada vez peor, a tener problemas de ansiedad, a estar permanentemente enfadada y a relacionarse con nosotras y con nuestro padre en unos términos cada vez más complicados y tirantes. Me duele mucho admitir que no sé cómo ayudarla más allá de prestarle una escucha activa todas las veces que lo necesite. No sé qué hacer para ayudarla. Cualquier cambio que se le proponga cae en saco roto. Hay cosas que, si se las dijera directamente, le harían un daño demoledor porque no las encajaría como una crítica constructiva. Me entristece y me enrabieta que una de las sensaciones que más me procura mi madre en los últimos años sea la de agotamiento y la de impotencia. No sé cómo ayudar y tampoco sé si lo estoy viendo todo desde la soberbia de creerme que sé más que ella. Se me acaban las herramientas. Y me duele verme así enfrentada con una persona a la que quiero.

Bruna, 36 años, sin hijos, una hermana.

Las únicas en poder utilizar indefinidamente el comodín de la culpa son las madres. En cualquier otra relación de amistad, laboral o del signo que sea, si alguien te hace sentir culpable por no hacer lo que espera de ti, esa persona acaba fuera de tu vida. Pero de la relación con una madre no se sale con tanta facilidad. Y creo que todo esto está muy anclado en que ellas, nuestras madres, solo son a través de los demás. Y cuando no reciben lo que esperan, les provoca tal inseguridad que acaban forzándolo no siempre de la mejor de las maneras.

Gabriela, 44 años, un hijo, un hermano.

Hijas designadas por misteriosas fuerzas para solucionar las vidas de sus madres. Hijas todopoderosas con la heroica misión de ayudar y salvar a sus madres. Hijas teniendo que cumplir las metas vitales soñadas por sus madres. Hijas sintiéndose responsables. Por todo, por todos y en el nombre de todo. Siempre. Madres sintiéndose culpables. Por no llegar, por no ser el icono de perfección, por fallar. Hijas haciendo sentir culpables a sus madres por no haber sabido. Madres culpabilizando a sus hijas por haber osado ser. La culpa de nuestras progenitoras ya hemos atisbado de dónde viene y con qué entronca. Pero ¿y la nuestra? ¿De dónde procede esa culpa que, así vista, resuena a ecos casi bíblicos? Lo explica la psicóloga Fernández Peinó:

> El apego es irrompible. Si fuésemos crías de koala y por momentos no quisiéramos apegarnos a la figura que nos tiene que regular la temperatura, la comida o la defensa, sería un enorme problema de supervivencia. Para evitar esto, de niños, siempre estamos apegados a esa figura. Si hay problemas en el vínculo en la infancia, será más complicado no tener ese vínculo de apego tan presente en la adultez. En este sentido, dos emociones aparecen para impedir males mayores: la culpa y la vergüenza. Estas emociones son dos estrategias de contención de daño social según la psicóloga Janina Fisher. Ayudan a los mamíferos a poder permanecer en el grupo para que no tengamos conflictos con los otros miembros del grupo, para que aprendamos y así no nos expulsen. Para que podamos pertenecer. Porque para los mamíferos vivir en manada garantiza mejor la supervivencia. Esto, aplicado a la relación con la madre, lleva a que si sientes rechazo por su parte de pequeño, la culpa funcione como forma de darte una nueva oportunidad en el ajuste: «Si yo soy responsable o culpable, puedo cambiarlo y así conseguir su conexión, vínculo y seguridad. Si cambio o lo hago mejor, estaré segura». Es un mecanismo eterno si hay problemas de apego en la infancia y algo que dificulta mucho el proceso que lleva a la autonomía adulta.

Una culpa que nos incapacita a las hijas en el futuro para poner límites. Imposible trazarlos si estamos atenazadas por la responsabilidad y el miedo.

La culpa suele encontrarse indisociablemente unida a la perfección proyectada sobre la figura materna. Si un niño crece pensando que su madre es el ideal de excelencia, fuente inagotable de sabiduría y bondad, le resultará inconcebible que si algo no va bien, la responsabilidad no sea suya y solo suya. Los ídolos no fallan.

Probablemente tampoco ayude demasiado la percepción largamente cultivada por nuestras madres de que somos su posesión. Una propiedad de la que, por otra parte, se suele esperar demasiado. Ese «me lo debes todo» repetido de distintas maneras. A veces sutiles, indiscernibles, susurrado en códigos cifrados. Otras, arrojado a la cara, en formato reproche empapado de compromiso eterno. Un crédito vitalicio que nunca se acaba de devolver. Prosigue Fernández Peinó:

> El cerebro guarda información y aprende estrategias para no sentir rechazo o desconexión ya de bebés. Pero todo esto tiene que ver con una parte del cerebro en la que no hay pensamiento, por eso a veces se repite una y otra vez. Tiene que ver con zonas subcorticales, límbicas y del tronco encefálico, y si no se trabaja y se integra, se va a seguir colando automáticamente la cara de tu madre compungida con expresión de dolor. Una idea que ayuda es entender que puedes diferenciarte. Que entiendas que la responsabilidad del estado de ánimo de tu madre es suya y la del tuyo, tuya. En el momento en el que vas uniendo cables y vas limpiando dolor, empiezas a separarte y a darte cuenta de que puede que tu madre no entienda que quieras ser soltera o no tener hijos, no pare de criticar tu cuerpo o tu casa cada vez que te vea o le vaya a dar un ataque al corazón si vuelves tarde a casa… Pero tienes derecho a todo ello aun cuando ella no lo apruebe. Y quizás un día te des cuenta de que tampoco importa tanto. Son opciones de vida que pasan por romper esos mandatos familiares y no mimetizarse con los valores

aprendidos que no son propios de la hija. Como persona adulta, tienes derecho a decidir qué vida quieres vivir, independientemente de lo que necesiten los demás o tu madre. Siempre con empatía, sin dañar a nadie, pero haciéndote cargo de lo que tú quieres para ti.

Pero qué difícil, a veces, escapar de todas esas expectativas, de todas esas exigencias y de todas esas obligaciones que penden de nosotras. ¡Qué difícil contradecir el destino materno convertido en divino y qué complicado salirse de la hoja de ruta que otra trazó por y para ti! Fernández Peinó vuelve al rescate para dilucidar qué sucede ahí:

> Algunas madres, cuando tienen problemas de narcisismo, utilizan a los niños como forma de autorregulación. Hay muchas mujeres que cuando sienten un vacío desolador deciden tener un hijo. Y eso no se cura con un niño o niña. Tener un hijo es un acto absoluto de amor. Saber que tu vida se va a desbaratar y recolocar, que vas a tener que estar tú para él toda la vida, no al revés. Además de hacer esto, no debes dejar de ser tú y de conservar tu espacio, reconfigurarte. En las relaciones sanas, incluso antes de la concepción, se suele tener presente que la existencia de ese bebé-niña-mujer no es para ti, es para ella misma, no nace para cuidar a sus padres, o encargarse de la felicidad de madres o abuelos. Esto implica ayudar a generar autonomía progresivamente y alegrarse porque tengan cada vez más su propia vida. Muchas madres no tienen este esquema en cuenta. Ocurre entonces que, cuando las chavalas empiezan a diferenciarse, de repente las madres con problemas de apego y narcisismo empiezan a encontrarse mal, caen en una depresión… Y esto se debe a dos motivos. Uno, porque las hijas mejoran

a nivel de seguridad, autonomía, flexibilidad… Ya no se desregulan tanto cuando las madres tratan de seguir con el tipo de relación anterior, donde a veces pudo haber chantajes o discursos pasivo-agresivos, de doble vínculo. Y en segundo lugar, porque no hay un sostén de estructura de personalidad sana en estas mamás. Si una persona, en este caso la madre, basa toda su vida en un tercero y ella no es su propia base de seguridad, esto se va a desmoronar antes o después a menos que los hijos a su vez enfermen y se queden sometidos con ellas. Los deseos de las madres van primero. Y eso no es compatible con un sistema nervioso sano.

La exigencia

Pero, claro, esa culpa a la que nos referimos es pegajosa, ubicua y se extiende con facilidad. Y si hay una hermana pequeña de la culpa, esa es la exigencia. La autoimposición de perfeccionismo, ya vista en las madres, no podía más que proyectarse en su extensión natural, léase las hijas. Así, estas madres entrenadas en ser las mejores para sobrevivir, nos formarán a nosotras, sus herederas, en la disciplina de ser nuestras peores y más severas juezas. Generaciones de mujeres chapoteando en un lodazal de autoexigencia. Mujeres, como bien decía De Beauvoir, aleccionadas para convertirse en esclavas e ídolos.

> Cada vez que conocía a un chico, me ofrecían un trabajo, veía una casa para alquilar o, incluso, con temas más tontos como cambiarme el corte de pelo o comprarme unos zapatos, mi primer pensamiento, casi automatizado era: «¿Le gustará a mi madre?», «¿le parecerá bien?». Siempre terminaba

mirando aquello que se me planteaba con los ojos de mi madre. Temiendo su opinión y teniéndola más en cuenta que la mía. Ahora me doy cuenta de que sentía la necesidad de obtener su aprobación a toda costa. En el fondo, creía que no podía pensar, opinar o actuar no ya distinto a ella, que por supuesto que no, sino de una manera que ella no aprobara. Porque yo intuía que su amor estaba condicionado a que yo fuera como ella quería. Si dejaba de ser la hija que ella había proyectado o me equivocaba o lo hacía mal, ella no me querría. Tenía una amiga a la que le ocurría lo mismo y siempre decíamos, entre risas, que nos provocaba más quebraderos de cabeza cómo vestirnos para ir a ver a nuestras madres que para acudir a una cita. ¡Era como pasar un examen! Creo que toda esa presión me ha influido mucho a la larga en quién soy. Alguien terriblemente perfeccionista con lo que eso conlleva de inseguridad, insatisfacción y frustración.

Alejandra, 48 años, sin hijos, tres hermanas.

He pasado gran parte de mi vida intentando sentir el reconocimiento de mis padres, siendo mi madre la que me imponía unos estándares de exigencia brutales. Su frase estrella era: «para hacer las cosas mal o a medias, mejor no hacerlas». Yo he crecido con ese lema y me ha costado muchísimo desmontar esa creencia. La integré de tal modo que pensé que si no lo hacía bien, no me iban a querer. Ha sido el gran hito de mi vida y una de las cosas que más daño me ha hecho. Yo no recuerdo mi infancia como una época infeliz, ni con falta de cariño; pero sí como una etapa en la que tenía sobre mí toda esa autoexigencia tan feroz. Ahora, cuando veo a mi pareja que todos los días le dice a nuestro hijo cuánto le quiere y lo orgulloso que está de él, siento la importancia de naturalizar este tipo de discursos... También mi educación estuvo muy sustentada en la cultura del premio. Una vez, en una entrevista de trabajo, me quedé en blanco. Cuando regresé a casa y le dije a mi madre que no me había salido bien, su respuesta fue que no me había preparado lo suficiente. Yo viví eso toda mi vida. Nunca sentí un sostén incondicional. Lo que sí experimenté fue la imposibilidad absoluta de convivir con el fracaso y el error.

Ana, 44 años, un hijo, un hermano.

Sin necesidad de mucha reflexión, no parece que la tónica del afecto ambivalente, bien alejada del ideal de apego seguro que nos prometieron, sea la mejor de las maneras para desarrollar una relación medianamente sana. Que el amor que te proporcione tu supuesto lugar de refugio dependa de tus méritos resulta, a priori y como poco, un factor de estrés emocional nada desdeñable. La posibilidad de que un fallo conlleve que te retiren el afecto que te corresponde suena demasiado a distopía[2]. A este respecto, James analiza los efectos de estas madres perfeccionistas quienes, probablemente buscando lo mejor para sus hijas, les meten una presión excesiva. Según el psicólogo, en última instancia, este tipo de madres tienden a considerar a su hija «como un agente para la satisfacción de sus propios anhelos individuales, lo que a veces se traduce en una dosificación del amor materno en función del rendimiento de la hija, así como un control excesivo sobre su persona»[3].

El famoso «tanto tienes, tanto vales» trasladado a la economía de los afectos domésticos. Así, y siempre según James, las

[2] Como la película *Los juegos del hambre* (Gary Ross, 2012), versión afectiva.
[3] James, O., *op. cit.*

hijas de madres perfeccionistas tendrán grandes probabilidades de fijarse estándares cuasi inalcanzables, de tener una autoestima[4] escasa, de estar sumidas en un perfeccionismo autodestructivo o de sufrir depresión. De madre perfeccionista, hija perfeccionista[5] con tendencia a la obsesión y angustiada por hacerlo todo *comme il faut*. De madre hipercrítica, hijas hipercríticas consigo mismas tendentes a vivir pendientes de la opinión ajena, a exigir a los que les rodean lo imposible y con cierta incapacidad para creer los halagos que les son dirigidos. «Las madres someten a un escrutinio el comportamiento de sus hijas e intentan impedir cualquier intento de convertirse en independientes y asertivas»[6]. ¡Cuánta severidad hacia todo y, sobre todo, hacia una misma! A esto añadámosle un detalle en absoluto nimio: y es que a todos esos opresivos requerimientos se unen, en el caso de las mujeres, los ambientales. Aquellos que apuntan, sin ir más lejos, hacia una belleza tiránica y ridículamente estandarizada que, para colmo de males, no pacta demasiado bien con el paso del tiempo. Otra vez la tormenta perfecta.

Con semejante escenario, la insatisfacción (nuevamente por ambas partes) está garantizada. Y lo que sucede es que si una —la madre— no está contenta con lo que le ofrecen y considera que el objeto de frustración —la hija— le pertenece, intentará cambiarlo, aunque sea a batacazos. En *El amor molesto*[7], Elena Ferrante describe una situación de sobra conocida

[4] «¿Cómo desarrollar la autoestima de la hija convirtiéndola a la vez en una servidora personal que obedece, calla y no chista?». Lagarde y de los Ríos, M., *Para mis socias de la vida*, cit.

[5] «Si les estamos pidiendo a las madres que sean perfectas, ¿cómo vamos a evitar que ellas mismas le pasen la demanda al hijo? Así, toda madre que siga al pie de la letra este dictado no estará sino cumpliendo de manera perversa las exigencias del papel que se le otorga. La perfección llama a la perfección». Rose, J., *op. cit.*

[6] James, O., *op. cit.*

[7] Ferrante, E., *Crónicas del desamor*, Penguin Random House, 2015.

por muchas lectoras. Esa que sucede cuando tu madre acude unos días de visita a tu casa y remueve, limpia, acondiciona y reordena todo a su gusto. Como si tú, su hija, no supieras, no hubieras aprendido adecuadamente o simplemente siguieras siendo una niña. Una «niña con arrugas» como la describe Ferrante. Lo que ahí se pone en marcha es un dispositivo tan irritante como imparable y es el de sentir que una ha vuelto a la casilla de salida, que vuelve a ser la chiquilla que espera órdenes de una madre que de nuevo se torna, cual ave fénix, progenitora todopoderosa, proveedora, cuidadora y ordenadora. Condenadas a ser niñas para siempre. Y lo que es más, en nuestro terreno.

> Una de las últimas veces que mi madre vino a pasar unos días conmigo, empezó a tomar decisiones sin consultarme sobre asuntos domésticos de MI casa. ¡Se puso a reorganizarme todos los armarios! ¡Cuando llegué a casa, lo había cambiado todo de sitio! Me hizo sentir bastante incómoda, pero sobre todo como si volviera a ser una cría. Como si fuera una completa inútil. Tuve que hablar con ella y decirle que no era normal que, a estas edades, intentase gestionar este tipo de cuestiones. Lo entendió, pero sé que, indefectiblemente, volverá a ocurrir. No queda otra que ir ajustando todo el rato…
>
> Paula, 32 años, sin hijos, una hermana.

> Cuando le dije a mi madre que pensaba apostatar casi le da un síncope. A veces, me dice que el momento en el que le comuniqué mi decisión ha sido ¡uno de los peores de su vida!
>
> Alejandra, 48 años, sin hijos, tres hermanas.

> Hay un ninguneo constante por parte de mi madre. A mi hermana, con sus casi cuarenta años, le pregunta todos los

meses que si paga la hipoteca. Cuando en realidad la que está extremadamente infantilizada es ella. Recuerdo una noche que le dejé a mi hija porque había quedado para cenar. Mi hija estaba en la típica etapa en la que les cuesta irse a dormir y se puso a llorar. ¡Solo estaba llorando, no estaba montando un pollo infernal! Pues mi madre se puso a llorar ella también diciéndome que yo a la niña no se la dejaba así. De repente, eran dos niñas llorando y yo ahí en medio…

Sol, 40 años, una hija, una hermana y un hermano.

Cuando me metí en un sindicato, me convertí en lo peor. «¡Mi hija es de izquierdas!», debía de pensar mi madre. Hubo un momento en el que no podía hablar de nada con ella. Cualquier decisión que tomara era la mala. Entonces, claro, todo lo tenía que esconder.

Rosa, 48 años, sin hijos, tres hermanas y un hermano. Madre fallecida.

Pero la maquinaria está lejos de detenerse ahí. Una vez encendida, no hay quien la detenga. Lo que sucederá a continuación será la representación de una coreografía inane e interminable en la que la hija intentará contentar a una insaciable y contrariada madre a la que, en realidad, nada le valdrá. O nunca del todo. O no lo suficiente. Y esa querencia de agradar a toda costa sepultará nuevamente el mandato aquel de la diferenciación. Esther Tusquets lo describe con concreción terrorífica en su escrito incluido en *Cartas a la madre*[8]:

Pero si nuestra relación se quebró, si en algún momento de la adolescencia me enfrenté a ti y no bajé durante tantos años

[8] Freixas, L., (ed.), *op. cit.*

> la guardia, no fue por nada que me dijeras, me hicieras, me dejaras de hacer, por nada que dijeras, o hicieras, o dejaras de hacer a otros. Fue porque comprendí —en una súbita revelación que debía de haber madurado largo tiempo en secreto en mi interior— que nunca (y, en cuanto se relaciona contigo, «nunca» es un nunca sin paliativos ni esperanza), por mucho que me aplicara, lograría tu aprobación. Aunque llegara a ser tan elegante y tan seductora y tan señora como tú, aunque obtuviera el que te pareciera a ti el mejor de los maridos, aunque tuviera unos hijos de lujo (altos y rubios y con ojos claros, hijos que parecieran extranjeros), aunque llegara a superar tu crol y a ser campeona de natación, aunque escribiera mejor que Cervantes y pintara mejor que Rembrandt, aunque consagrara la vida entera a conformar la imagen que tú habías fantaseado de mí, no iba a conseguir jamás tu aprobación: estaba descalificada de antemano, y por consiguiente el único modo de afirmarme y de no sucumbir era enfrentarme a ti. [...]¿Y qué relación cabe mantener, mamá, con alguien que nunca va a darnos su aprobación y no va a permitir nunca que le hagamos feliz?

Un quimérico deseo, el de agradarlas cueste lo que cueste, abocado al desentendimiento.

Esperar cuando no va a llegar el ansiado reconocimiento nos deja presas, dependientes y achantadas. Vendidas. Y, en última instancia, infantilizadas, repitiéndose el sempiterno esquema por el cual volvemos a intentarlo a ver si esta vez lo hacemos bien, para recibir nuevamente la misma respuesta meliflua, esa que nos mantiene cautivas. La incapacidad de satisfacerlas.

Sucede además que estamos tratando de complacer desesperadamente a alguien que ha sido vampirizada por su propio maternaje, alguien que ha sido adoctrinada para sobrevivir siendo la mejor esposa, la mejor madre y la mujer perfecta. Difícil que cualquier otro modus operandi que no sea el suyo sea bien recibido. Muy al contrario, es probable que cualquier ofrecimiento de ayuda sea tomado, además de como delito leve de insubordinación, como una falta de respeto a toda una vida, a toda una carrera. Ahí solo hay unas normas admitidas, unas maneras de hacer correctas y unos protocolos aceptados. Evidentemente, los suyos. Indiscutiblemente, nunca, jamás, los tuyos. Una de las muchas consecuencias de todo este sistema de inamovibles consignas es adoptar la crítica casi permanente como forma de relacionarse con el mundo. Por no hablar de las continuas injerencias en nuestras vidas. Entrometerse casi como manera de mostrar interés, afecto o, de nuevo, una protección atrozmente mal entendida. Una carta blanca para ciertos comportamientos controladores. Al principio de *Psycho* (Alfred Hitchcock[9], 1960), hay una línea de diálogo, dicha con total naturalidad por una mujer adulta a otra mujer adulta, que encapsula con precisión este tipo de mangoneos que parecen haberse naturalizado en algunas relaciones madre-hija y que, en realidad, distan de ser aceptables:

> —¿Llamó alguien?
> —Me llamó Teddy y también llamó mi madre para ver si Teddy me había llamado.

Parece un chiste. No lo es.

[9] Rastrear la figura materna, y no solo en *Psycho*, en la filmografía de Hitchcock es un auténtico festín para cualquier psicólogo aficionado. Si hay alguien que ha acuñado a conciencia en el imaginario colectivo el mito de la mala madre, culpable y dominante, ese es, sin duda, Alfred…

Tendría unos dieciocho años. No me dejaban apenas salir ni llegar tarde, salvo cuando iba de vacaciones al pueblo. Recuerdo que una amiga y yo flipábamos muchísimo porque a veces mi madre en plan medio de coña decía: «Ya sé que habéis ido a tal sitio o pasado por tal calle». Mi amiga siempre me decía: «Tu madre tiene poderes o espías. Una de dos». Ese verano yo me enamoré de un chica de la pandilla y anduvimos juntas. En septiembre la invité unos días a Madrid y mi madre nos pilló dándonos un beso. Se hizo la loca y no dijo nada, pero cuando la chica ya se había ido me llamó un día para decirme que había interceptado una carta suya para tener pruebas de mi crimen. Montó una escena... Me dijo cosas tipo: «Ojalá te hubieras muerto en la cuna» y «No me suicido por respeto a tu padre y a tu hermana». La conversación terminó prohibiéndome tener contacto con la chica en cuestión. Me soltó: «No se te ocurra volver a verla, si lo haces me voy a enterar porque tienes a un detective privado siguiéndote desde hace tiempo. Lo sé todo, no te molestes en mentir». A la pregunta de si seguía teniendo el detective y/o lo iba a seguir teniendo, su respuesta fue: «Eso no es asunto tuyo, tú limítate a comportarte como es debido». Nunca se volvió a mencionar el tema y yo llegué a pensar que se lo había inventado. Pero un tiempo después, buscando en un cajón suyo donde guardaba sobres, pegamento y ese tipo de cachivaches, encontré un papel con el nombre y la dirección de la chica en cuestión, dirección a la que yo había acudido incontables veces ese verano. Así que supongo que el detective realmente existió. Me pasé un año entero mirando a ver si me seguían por la calle. Relacionado con esto, recuerdo que a mi hermana por aquel entonces le gustaba un chico, su profesor de tenis. Se acabaron las clases y ya no se iban a ver más. Le escribió una carta con una foto con la palabra *besos* por detrás. Nosotras siempre le dábamos el correo a mi madre para que lo echara al ir a la compra, por no tener que subir al pueblo. Pues bien, en ese cajón me encontré también la carta de mi hermana con la foto. Recuerdo que la pobre tenía un tremendo disgusto porque el chico no le había contestado. Claro, la carta nunca se envió. Se conservó como prueba. Esto era muy de mi madre. Tenía montado un catálogo de pruebas que guardaba para cuando le hicieran falta.

Juana, 50 años, tres hijos, una hermana.

Cada vez que veo a mi madre, aunque llevemos tiempo sin vernos, lo primero que hace es soltarme algún comentario tipo: «Ay, hija, ¡ese pelo!». A mí esa manera de relacionarse me resulta extrañísima. En el entorno de mi madre está muy presente criticarse continuamente. ¡Yo no hablo mal de mis amigas! Si hay un problema, se habla y se trata de solucionar. Pero la crítica constante y gratuita no es algo que quiera para mí.

Ana, 44 años, un hijo, un hermano.

Mi madre nunca fue crítica conmigo. Jamás. Todo le parecía maravilloso. De hecho, a veces me enfadaba por su ausencia de capacidad crítica. Hiciera lo que hiciera, yo era para ella la persona más perfecta del planeta. La más guapa, la más lista, la más todo. Sin embargo, y esto es muy paradójico, siempre fue muy crítica en lo que le afectaba a ella. Y soltaba frecuentemente perlas tipo: «¡Menuda mierda de hijos me han tocado!».

Manuela, 46 años, sin hijos, un hermano. Madre fallecida.

Llevo independizada media vida y viviendo fuera del hogar familiar casi más tiempo que dentro. Aun así, mi madre pone en duda que yo sepa *organizarme*. Me pregunta frecuentemente que si como, no que qué como, sino simplemente si me alimento. Cuando voy a su casa, ¡que no se me ocurra acercarme a la cocina! Ni a picar una cebolla me atrevo. Si no está hecho *a su manera*, no está bien. Eso sí, los lamentos por tener que seguir haciéndolo todo ella se oyen hasta Júpiter. Ahora ya no tanto porque no la dejo, pero durante mucho tiempo se ha inmiscuido en asuntos que, desde mi punto de vista, no le incumbían. Recuerdo una vez en concreto: tras dejarlo con un novio que tenía, ella quedó con él a mis espaldas… Me enteré de casualidad. Aún sigo sin saber por qué, ni para qué… ¿Solucionarlo? ¿Sonsacarle?

Alejandra, 48 años, sin hijos, tres hermanas.

Ahora mismo tengo buena relación con mi madre. No siento culpa o deuda con ella precisamente porque ella nunca lo ha alentado. Pero, aún a día de hoy, me sigue dando un miedo atroz cuando voy a verla y pienso en hacer algo que le pueda sentar mal. Si, por ejemplo, estamos en su casa y mi hija ya no quiere comer más, le digo que lo esconda y que lo tiremos a escondidas. Lo que sea con tal de evitar un posible enfrentamiento.

Celia, 49 años, una hija, una hermana.

Y es que todos esos recelos congénitos operan en tantos planos que parecieran ocuparlo todo. Están presentes en ciertos comportamientos patológicos en los que la madre hace todo lo posible para fomentar la dependencia haciendo de menos a su hija, dejando patente que no es lo suficientemente adulta, tratándola como la niña eterna. Un mecanismo de manipulación y control que, en estos equivocados parámetros a los que nos referimos, garantiza la permanencia. En el relato

La niña sin alas[10], Paloma Díaz-Más narra, a la manera casi de un cuento gótico, esta vinculación tan venenosa. Así, en un mundo en el que a todos los niños del mundo les salen alas a una determinada edad, cuando a la hija de la protagonista le empiezan a brotar los dos correspondientes bultitos en la espalda, estos son arrancados por una madre que ha perdido por el camino toda identidad que no fuera la de ser madre y que ha hecho de su hija su único centro de gravedad. El cuento se cierra con un escalofriante final: «Ha vuelto a ser la niña que era y yo sigo entregada a ella. A quienes me dicen que me estoy enterrando en vida, que debería volver a trabajar, que he perdido a mi marido, que no puedo atarme a la niña de esta forma, les contesto que estoy contenta con lo que hago y que la obligación de una madre es sacrificarse por su hija». Otra vez el lío de papeles, equivocar la parte con el todo, no entender aquello de las caducidades y los tiempos. Espeluznante.

La socióloga Marta Domínguez Folgueras arroja un poco de luz sobre este tipo de comportamientos:

> Si tu única identidad es tu estatus de madre y ahí reside todo tu valor social, lo lógico es que te conviertas en la experta. Es tu profesión. Igual que otra persona se siente satisfecha y validada cuando hace bien su trabajo y le gusta describir las claves de su labor, cuando tu rol es el de ser madre, tu satisfacción se va a derivar de ahí. Eso hace que mujeres en esta posición desarrollen dinámicas que dificultan en alguna medida la ayuda. En inglés existe la expresión *maternal gatekeeping*, esta idea de que cuando intentas ayudar en una tarea determinada, nunca lo vas a hacer lo suficientemente bien. Entonces va a venir tu madre y te va a criticar y te va

[10] Freixas, L. (ed.), *op. cit.*

a decir cómo hay que hacerlo. Y lo intentas hacer de esa otra manera y vuelves a hacerlo mal. Finalmente, acabará haciéndolo ella espetándote: «Déjalo porque nadie lo va a hacer como yo». Es una cuestión de estándares. No están dispuestas a bajarlos por mucho que eso suponga una menor carga. Esto en lo referente a las madres. Pero si pensamos en una pareja tradicional heterosexual, en lo tocante a los padres primero tienen que querer implicarse. Y en un sistema en el que precisamente son las mujeres las que parecen estar al cargo de todo esto, ellos han desarrollado unas cuantas estrategias para no involucrarse.

Siguiendo esta línea, no resulta nada chocante que, en determinados casos, toda esta defensa de su reinado maternal se intensifique cuando se trata de competir por ver quién es la mejor madre. Así, y contrariamente a lo esperable (al convertirse la hija en madre, cabría suponer que los estatus se igualan, que la retoña ha sido obediente y ha repetido modelo y que, por lo tanto se convierte en una igual a la que tratar como tal), los niveles de injerencia pueden multiplicarse exponencialmente llegando a cotas delirantes.

Curiosamente, al convertirme yo en madre, su autoridad se ha hecho más palpable. De repente, lo que ella considera errores míos en la educación de mi hijo son el pan nuestro de cada día. En su discurso, ella intenta validarse como mejor madre cuestionando todas mis decisiones. Es como si intentara transformarme de nuevo en una niña pequeña, como si la validación de su maternidad pasara por mi infantilización. De repente, empieza a verme como una rival. Es como si volviera a ser no solo mi madre, sino también la madre de mi hijo convirtiéndome a mí automáticamente en algo así como la hermana de mi hijo. Dos personas pequeñas a su cargo. ¡Una locura!

Gabriela, 44 años, un hijo, un hermano.

Cuando creé mi propia familia, me vi en la necesidad de blindarme y de separarme de mi familia de origen para poder proteger la mía de las intromisiones y el influjo constante de mi madre. Cuando nació nuestro primer hijo, mi madre intentó dirigir mi maternidad. Mi marido y yo lo hablamos y decidimos que ahí no opinaba nadie más. Luego es verdad que vas modulando porque también tienes que dejar que ejerzan de abuelas. Pero es un punto de ruptura del que yo, al menos, fui muy consciente. Como una cicatriz en el tiempo. En mi caso, mantengo el vínculo, pero hay sitios por los que ya no la dejo entrar. Ella ya no me manda. No pinta nada en esta función porque esta función es mía.

Clara, 47 años, dos hijos, un hermano.

En todo lo referente a mi hija, mi madre es supercañera. Está claro que ejercemos maternidades diametralmente opuestas. Pero aun así, no para de criticar y opina que llevo a mi hija con mucho desorden en los horarios de comidas y cenas o que está muy flaca… También es cierto que a mi madre le cuesta mucho decir bondades.

Sol, 40 años, una hija, una hermana y un hermano.

Pero, atención, que esto de la exigencia desaforada funciona —como todo en este capítulo— de manera bilateral. Y hete aquí, que a pesar de habernos quejado amargamente de esas enloquecidas demandas de excelencia, nosotras acabaremos haciendo lo propio. Con toda probabilidad nuestra hipercrítica se cebará con la parte femenina más que con la masculina de nuestros progenitores. Y, en gran parte, serán ellas, nuestras madres, quienes cargarán con la culpa (otra vez) de nuestros fracasos pasados, presentes y futuros.

> Mi padre nunca se ha ocupado de la parte más emocional. Le quiero, pero no hablamos la misma lengua. Su papel es aportar un granito un poco autoritario. La complejidad relacional que tengo con mi madre no se ha dado con mi padre. Es como equiparar una relación de pareja con los rollos de una noche. Hay muchas más probabilidades de discutir, enfrentarse y tener problemas con la relación estable. Por eso me incomoda que, a veces en los procesos terapéuticos se tienda a analizar la relación con la madre en clave negativa, de un modo muy lógico y demasiado racional. Lo veo injusto hacia ella, pero también entiendo que es algo que hay que hacer, porque si no, no progresas.
>
> Paula, 32 años, sin hijos, una hermana.

> El gran conflicto ha sido con mi madre. También es cierto que la que estaba realmente era ella. Mi padre estaba más dedicado a hacer una brillante carrera profesional.
>
> Ana, 44 años, un hijo, un hermano.

> Mi padre fue un cabrón con todo el equipo. No hay lugar a dudas. También creo que tenía una serie de problemas de salud mental y que no le ayudaron debidamente. En el caso de mi padre, el maltrato era evidente. Pero con una madre nunca sabes hasta qué punto no eres tú el problema. Con mi madre no era tan explícito. Era más difícil de ver, pero, al mismo tiempo, percibía que la relación con ella me hacía mucho daño.
>
> Rosa, 48 años, sin hijos, tres hermanas y un hermano. Madre fallecida.

Claramente creo que he sido injusta con mi madre y que le he exigido mucho más a ella que a mi padre. También soy capaz de identificar lo que mi madre se echó a las espaldas, cosa que mi padre no hizo. Lo veo y me enfado conmigo misma porque al final es lo de siempre: a nosotras cualquier fallo nos pasa una factura el triple de grande que a ellos. Pero definitivamente, si reflexiono sobre ello y sin haberme dado mucha cuenta hasta ahora, creo que he sido más generosa con mi padre.

Bruna, 36 años, sin hijos, una hermana.

Mi padre no nos llevaba ni al colegio. Ausencia total. Los sábados por la mañana eran los días de estar con él y hacer algún tipo de actividad. Pensándolo ahora, es cierto que nunca le hemos reprochado nada, pero es que no lo hacía ni bien, ni mal. No hacía.

Sol, 40 años, una hija, una hermana y un hermano.

Yo me he reconciliado mucho con mi madre cuando, a mi vez, lo he sido porque creo que el juicio a la madre siempre es mucho más salvaje. Tanto que influye en el recuerdo que nosotras nos hemos montado. En mi casa, mi padre siempre ha sido la estrella. Y es verdad que es muy cuidador y muy entregado, todo lo que mi madre no es. Pero, por ejemplo, cuando mi madre estaba embarazada de mi hermana, mi padre estaba viajando por motivos laborales y mi madre se quedó tres meses sola, en la cama, en reposo absoluto. Yo me enteré de esto de casualidad. Mi madre jamás lo comentó, ni se victimizó por ello. Yo ahora lo veo, y digo: «madre mía».

Celia, 49 años, una hija, una hermana.

Mi padre cumplió a rajatabla el tópico de padre ausente. Nunca nos llevamos bien. Nunca conectamos. Me cuesta encontrar recuerdos ligados a él en mi infancia que no sean los de alguien ejerciendo su autoridad. Para mí fue un gran desconocido. Creo que yo también lo fui para él. Y es verdad que a veces mi madre me ha contado historias feas de mi padre que yo he tratado con mayor benevolencia o con más levedad que si me las hubiera contado una amiga. Como si todo ese machismo ambiental con el que he crecido unido a que fuera mi madre también me hubiera afectado a mí. De hecho, si lo pienso ahora me doy cuenta de que apenas he hablado de mi padre en terapia. Y fue un padre que no estuvo, nada cariñoso y con un pronto, a veces, un poco temible. Estoy segura de que eso me ha dejado mucha huella, pero la he ignorado.

Alejandra, 48 años, sin hijos, tres hermanas.

En el fabuloso *Rápido, tu vida*[11], Sylvie Schenk escribe con ese estilo suyo envidiablemente conciso: «Tu padre sorbe la sopa, mientras que tu madre come con distinción. Las mujeres no presumen tanto. Todo lo que hacen les parece una obviedad». Y de ese dar por supuesto generalizado, de ese esperar siempre tanto de ellas y de nosotras, este fango…

Según un informe de febrero de 2023 del Observatorio Social de la Fundación La Caixa[12], la corresponsabilidad en las tareas del hogar y en el cuidado de los hijos sigue siendo bastante poco igualitaria. Así, las mujeres invierten en dichas labores 43 horas semanales frente a las 28 de los hombres. Un reparto que, al año, arroja un resultado incontestable: las

[11] Schenk, S., *Rápido, tu vida*, Errata Naturae, 2021.

[12] *Desigualdad de género en el trabajo remunerado y no remunerado tras la pandemia*, estudio del Observatorio Social de la Fundación La Caixa de febrero de 2023.

mujeres invierten en este tipo de trabajos 780 horas más que sus compañeros masculinos. Sí ha habido un aumento de la inversión en tiempo por parte de ellos, centrada exclusivamente en el cuidado de los hijos y no en las faenas domésticas. «Es cierto que se está tendiendo hacia unos repartos un poco menos desequilibrados. Ahora, se valora al padre implicado. Hay muchos padres que no quieren repetir el patrón del suyo que era una figura ausente, solo presente a nivel físico y económico, pero no emocional. Los hombres hacen un poquito más porque las mujeres han dejado de hacer tanto como hacían antes. Y es cierto que ellos se implican algo más y lo hacen sobre todo en el cuidado de los hijos. Aunque, si se mira con más detalle qué hacen exactamente, veremos que su aportación es más en el terreno lúdico», explica la socióloga Domínguez Folgueras. Más lúdico, menos conflictivo, ergo menos culpable de cara a ese futuro en el que, parece que ineludiblemente, habrá que rendir cuentas.

Y, como esto va de paralelismos, también en este apartado la correspondencia es idéntica. E igual que nosotras hemos exigido y esperado considerablemente menos de la figura paterna, también nuestras madres, en ocasiones, han educado con envidiable ligereza a sus hijos varones. Lejos de esos patrones de esplendor casi castrenses con los que, en algunos momentos, nos han atormentado en nuestra infancia.

> Tuvimos una educación muy machista. Mi hermano, siendo el mayor, no hacía nada. ¡Ni poner la mesa! ¡Hasta le hacíamos la cama! Claro, en ese momento yo tenía ocho años. Ni te lo planteas. Lo haces y punto.
>
> Sol, 40 años, una hija, una hermana y un hermano.

Mi madre me exige muchísimo más a mí que a mis hermanos. Siempre que hay una reunión familiar es a mí a quien requiere para que le eche una mano. Claro que eso no es nada comparado con lo que sufrí por parte de mi abuela. Aquello era increíble. «Niña, ayúdame a tender la ropa. Niña, a fregar los cacharros. Niña, a hacer las croquetas». Cuando mi abuela —que era quien nos cuidaba— se puso enferma, toda la casa cayó sobre mí. Yo me vi de repente, con dieciocho años, convertida en ama de casa, haciendo la comida, limpiando los cacharros, yendo al mercado… El patriarcado recayendo sobre mí en todo su esplendor.

Rita, 46 años, sin hijos, tres hermanos.

Mi hermano está dándose cuenta ahora de ciertas actitudes de mi madre. Porque, a pesar de haber sido educados supuestamente de la misma manera, obviamente no ha sido del todo así. Él ha vivido en un universo paralelo. Y ahora que es padre y está permanentemente tomando decisiones en su vida está empezando a notar ese deje de mi madre de querer meter la patita como sea. Y yo eso lo llevo sufriendo desde que soy pequeña…

Ana, 44 años, un hijo, un hermano.

Percibo claramente una diferencia de responsabilidad entre mi hermano y yo. Él no siente el mismo compromiso que siento yo hacia los sentimientos de mi madre. Y mi madre tampoco cree que mi hermano tenga ninguna obligación hacia sus sentimientos; pero conmigo, sí. Mi hermano no cede al chantaje emocional de mi madre como sí lo hago yo. Imagino que nosotras, las mujeres, crecemos pensando que tenemos esa especie de compromiso como hijas hacia nuestras madres.

Gabriela, 44 años, un hijo, un hermano.

Todos estos requerimientos de perfección, todas estas rémoras culposas convergen, inevitablemente, en una frustración que crece y se reproduce allá por donde pasa. Condenadas a absorber el descontento de nuestras madres generamos también nosotras una insatisfacción descomunal: la de tener la sensación de no saber ni qué hacer, ni cómo. O, peor, de que hagamos lo que hagamos estará mal.

> Hay una ambigüedad en cómo mi madre se relaciona conmigo. Si la ayudo en algo o lo intento, me dirá que la tomo por idiota. Si decido mantenerme al margen, me dirá que no tengo vergüenza y que nunca estoy cuando se me necesita. Lo que un día es fabuloso se convertirá en lo peor al día siguiente. Una insatisfacción permanente que, a lo mejor, no tiene que ver conmigo, pero que me salpica muchísimo y que es muy difícil no tomarse como algo personal. Es desquiciante y muy triste. Frustra mucho ver cómo pisotean una y otra vez tus esfuerzos, tus preocupaciones o tu cariño. Haga lo que haga no va a estar bien. Pero lo peor es que, a pesar de todo, lo sigo intentando, esperando un poco de reconocimiento, de agradecimiento o qué sé yo… ¡Ingenua de mí! ¡Como si alguna vez fuera a acertar con la tecla correcta! ¡Es imposible! ¡No existe!
>
> Alejandra, 48 años, sin hijos, tres hermanas.

Madres e hijas que no cumplen las expectativas y que perciben a las claras o de manera impostadamente sutil que no son lo que se esperaba de ellas. Culpas, chantajes y deudas conforman el escenario ideal para un vínculo eterno, sí, pero ¿a qué precio?

El miedo

Las ramificaciones del miedo son siempre innumerables y, en ocasiones, irrastreables. Este caso no va a ser la excepción. E igual que la culpa funciona casi a modo de espejo, el miedo también se constituye de manera semejante. Así, muchas de las hijas entrevistadas recuerdan haber crecido enredadas en una sobreprotectora maraña de precauciones, recomendaciones, advertencias y alertas. Peligros al acecho que en la era adulta siguen ahí bien anclados, incorporados a nuestro ideario y funcionando a veces como fatales profecías autocumplidas. Una instrucción cimentada en el miedo y en el sobrecuidado que no solo ha sido tradicionalmente aplaudida por la sociedad, sino que, a fecha de hoy, sigue destilándose sin tapujos desde ciertas instituciones. Ahí está sin ir más lejos la polémica campaña de 2022 de la Xunta de Galicia en el Día Internacional para la Eliminación de la Violencia contra la Mujer. Una serie de mensajes que venían a decir que si tú, mujer, salías a correr de noche en mallas, no vigilabas tu bebida en una discoteca o caminabas sola por la noche, podían sucederte cosas. Un dispositivo que no solo erraba estrepitosamente en el tiro poniendo el foco otra vez en las víctimas, sino que incidía en ese conglomerado didáctico que consiste en amedrentarnos por defecto y por si acaso.

> Mi madre siempre ha ejercido una maternidad excesivamente protectora. Obviamente para ella ese control es positivo. Ahora, revisado históricamente, veo que no. Además, en mi caso, lo que conseguía por mi carácter rebelde era que me fuera al polo opuesto. Desde mi punto de vista, sus desvelos son extremos… Si voy a coger un tren, me dice que no lo pierda o que ande con cuidado. El miedo está continuamente

presente en formato consejos que me hacen sentir idiota en muchas ocasiones. Me gustaría que entendiera que la vida no es eso y que no se puede vivir con esa inquietud y esa preocupación constantes. Luego sucede que cuando no le hago caso a mi madre y tenía razón, que es la mayoría de las veces, es como si se cumpliera una especie de maldición. Algo así como sentir el peso de la ley tras haber desafiado a la policía. Mi madre siempre opta por la opción conservadora y yo soy de la opinión de que lo conservador no lleva a ningún sitio. Pero, claro, no olvidemos que somos mujeres y que, para nosotras, la vida está llena de situaciones amenazantes con lo que nos es facilísimo conectar con ese miedo. Es algo que está en el aire y de lo que está todo impregnado.

Paula, 32 años, sin hijos, una hermana.

Tengo una especie de madre interna que me va avisando de los riesgos. He interiorizado totalmente que el mundo es un lugar peligroso. Cuando era pequeña, me daba miedo dormir sola. Me llevaron al psiquiatra, me recetaron pastillas… Pero mi madre decidió que durmiéramos juntas. Recuerdo que hubo un día en el que mi padre dijo que aquello se había acabado. Solo la idea de tener que dormir sola me hizo vomitar. Evidentemente, no eran formas de hacerlo, pero mi padre siempre intentó que fuéramos valientes. Otro ejemplo: después de los atentados del 11M, fui incapaz de subirme al metro. Cuando se lo comentaba a mi madre, ella me decía que fuera en taxi, que me lo pagaba. Yo hubiera preferido que me dijera: «No, cariño, no pasa nada, ve en metro». Pero siempre estaba la protección por encima de todo. En la adolescencia yo me creía inmortal, como todo el mundo a esas edades imagino, pero al llegar a los dieciocho fue como si todos esos temores aprendidos durante años explotaran. Empecé a tener ansiedad y un montón de asuntos del día a día comenzaron a aterrarme… Pero es que llevaba años escuchando que tuviera cuidado si cogía un tren, que si iba a un festival me iban a violar, que fuera acompañada a cualquier sitio… Todo el rato mensajes de «te puede pasar algo, te puede pasar algo» o de «sola no, sola no». Y, claro, de repente, todas esas alarmas saltaron a lo bestia. Fue muy invalidante.

Manuela, 46 años, sin hijos, un hermano. Madre fallecida.

A mi madre siempre le han aterrado los cambios. Cualquier novedad es, para ella, sinónimo de amenaza. Crecí con el «ten cuidado». Cuando me iba de viaje, cuando salía, cuando aprendí a conducir, cuando empecé a montar en bici… Pero también cuidado con los demás que te van a engañar, que se van a aprovechar, que te van a mentir… Todo eso me ha generado una desconfianza gigantesca que me hace imaginar siempre razones ocultas y motivos inquietantes y que, al final, me obliga a estar siempre alerta.

Alejandra, 48 años, sin hijos, tres hermanas.

Pero ojo con esa tendencia casi incontenible de achacar todos nuestros miedos e inseguridades al exceso de celo maternal. El caso de Celia es bastante clarificador:

Mi madre fue cero protectora. Si yo mostraba algún atisbo de susto, timidez o inseguridad, mi madre me decía: «ya estás con tus tonterías». Ella no validaba mis miedos. Para ella, lo que me pasaba era siempre absurdo. Ella nos animaba a volar, a hacer, a no quedarnos en casa metidas… Y, sin embargo, yo he salido bastante insegura, poco echada para adelante, tímida y más bien parada. En mi experiencia como madre y más ahora que mi hija está pasando por una fase de miedos, creo que hay un momento en el que está fenomenal empujar, pero antes tiene que haberse construido un colchón de seguridad porque si no te pasa como a mí, que tengo el recuerdo de ese pavor como lo peor de mi niñez. Era terrorífico porque no era capaz de intelectualizarlo. Tenía un miedo salvaje y no había consuelo. No había una madre amorosa que me abrazara y que me dijera que durmiera con ella. Desde mi postura de niña que no ha tenido madre protectora, creo que ese tipo de comportamientos maternales refuerzan y dan seguridad. Desde mi experiencia vital, tiendo a pensar que tener una madre cuidadora construye y proporciona un espacio de seguridad donde sabes que no te van a fallar.

Celia, 49 años, una hija, una hermana.

Convendría capitular que quizá estos esquemas que siempre apuntan como culpable a la madre pequen de simplistas básicamente porque estamos olvidando todo el contexto familiar (abuelos, tíos, padres…), ambiental, social, cultural e histórico que conformó nuestro desarrollo. Ese reduccionismo de poner a un individuo (en este caso, la madre) en el lugar de todo un conjunto (cientos de factores que forman nuestra educación) es una ratonera tan atractiva como falaz.

Desde un punto de vista sociológico, esta «cultura del miedo» tiene una razón. Nos la proporciona la socióloga Domínguez Folgueras:

Si partimos de ese rol de la mujer mucho más limitado, más volcado en la esfera doméstica, todo lo que sea salir de ahí va a producir miedo y va a resultar peligroso porque se tiene la impresión de estar, en cierto modo, desafiando las normas.

> No hay que olvidar que el miedo es un mecanismo de control social y está muy instalado en nuestros cerebros, más en el de las mujeres que crecieron con roles tan acotados. Hay una serie de normas y si no te adaptas a ellas, sabes que te van a juzgar. Por lo tanto, esa educación en el miedo no viene realmente de unas ganas de limitar o de provocar un sufrimiento. Al contrario, lo que se busca precisamente es intentar eliminar un dolor que las madres anticipan ante lo que determinadas circunstancias pueden conllevar. Probablemente ahí sí que hay un cambio y nuestra generación es mucho más consciente de una serie de asuntos, como la violencia sexual, pero también asumimos más riesgos de manera reflexiva. Sabemos que nos arriesgamos, pero no queremos que el miedo nos limite.

Fernández Peinó apunta otras posibles causas psicológicas a esta medrosa educación:

> Cuando las madres se llegan a mimetizar mucho con las niñas, las sobreprotegen, no permiten que crezcan a nivel psicológico. Y el primer bastión que aparece en las hijas es siempre la culpa: si me salgo de lo que quiere mi madre, corro peligro. Es un esquema aprendido de la infancia, ya que un bebé o cría de mamífero, si no es cuidado adecuadamente, se muere. De alguna forma, a los seres humanos se nos ha quedado también este sentir y cuando hay problemas en la infancia más. Entonces se activan en el cerebro de la hija redes neuronales que llevan directamente a la «muerte mamífera», al vacío absoluto. No se piensa, pero se siente mucho malestar. En esta sobreprotección patológica también influye que las madres tengan ciertos trastornos de personalidad que les hacen actuar desde el control y el poder. Se acaba

provocando en las hijas un problema que no tienen, diciéndoles que algo es peligroso para que no rompan el vínculo. Obviamente, las madres no son conscientes de estar haciéndolo, pero es una forma de invalidación. En este tipo de comportamientos también influyen una serie de factores, como la propia experiencia vital que tenga la madre de agresiones sexuales, parejas violentas, lo que haya vivido en su casa, lo que haya escuchado… Todo teñido de esa cultura de el que viola es él y la que tienes que cuidarte eres tú.

Desde pequeña, he sido más gordita que el resto. Con diez años me pusieron a dieta. Ahora lo pienso y me parece una atrocidad. Yo lo viví como un castigo. Mientras mis hermanos comían huevos con patatas, yo alcachofas con huevo cocido. Entiendo que era una forma de demostrar cariño, pero al final lo que sucede es que te están jodiendo la vida. Porque a lo mejor si me hubieran dejado, ahora mismo no tendría ningún conflicto con la alimentación. Yo aprendí a refugiarme en la comida ante los problemas. Ahora que estoy intentando abandonar la cultura de las dietas, noto cómo funciona mi cerebro. Me relaciono con la comida como si fuese un premio y un castigo. Y claro, no te premias con una ensalada cuando toca recompensa… Yo entiendo que quería salvarme a mí, pero no puedo evitar pensar que también quería salvarse ella. Ella quería librarse de la presión social de tener una hija gorda. Imagino que no es fácil para tu familia ver cómo estás pasando límites que no deben sobrepasarse. Al final, tú eres la madre de la niña gorda. Yo nunca he sentido que ella tuviera vergüenza de mí o pensara que era menos por tener el cuerpo que tenía. Siempre recalcaba que yo era válida como era. Pero, claro, ese discurso acompañado de ponerme a dieta no casaba muy bien. Al final, me imagino que todo va de encajar en un molde e intentar que no seas diferente.

Rita, 46 años, sin hijos, tres hermanos.

No se equivoca demasiado Rita porque puede que ese temor inoculado responda, en efecto, a otro temor mal disimulado: el de ser enjuiciadas ellas mismas. Según Domínguez Folgueras, «las madres son juzgadas en muchas ocasiones a través de los hijos. Si tu hija tiene un comportamiento equis, esto dice algo de ti como madre a nivel social. Que no has sabido llevarla bien, que no eres buena madre… Un mecanismo que se pone en marcha del que es muy difícil escapar». Fernández Peinó ahonda en esta dicotomía apuntada por el testimonio de Rita:

> Son madres muy protectoras, pero a la vez bastante exigentes. Lo que sucede es que no dejan a sus hijas caerse, les evitan por todos los medios el dolor, pero a veces hay procesos que no se pueden aprender en la vida si no te caes, como, por ejemplo, escalar un columpio. Es un círculo vicioso bastante complicado. Porque hay que poder sentir el dolor. La vida va de eso. Las figuras de apego no están para evitar el dolor de la vida, sino para tener disponibilidad para reparar el dolor sabiendo que es imposible controlar lo que hay ahí fuera.

Pero volviendo al pánico de las madres a ser cuestionadas, a admitir un fallo que les han hecho creer que no podían permitirse, aparece nuevamente nuestro viejo amigo: el silencio. Sobre él, se construye de nuevo una estructura en la que lo que importan son las apariencias, que todo parezca estar bien y que todas encajemos en las estrechas hormas que moldearon para nosotras.

Es curioso cómo mi madre tiene memoria selectiva. Ella sigue metida en esa movida de que todo es perfecto de cara a la galería. ¿Cómo se puede vivir así? De alguna manera, yo también acabé metida en esa especie de fingimiento pensando que si un día se enteraba de que había compartido cuestiones relativas a ella con una amiga se iba a liar… ¡Pero ya dejé de hacerle caso!

Sol, 40 años, una hija, una hermana y un hermano.

En mi casa nunca hubo muy buen ambiente. Mis padres nunca se llevaron bien. Pero esto era algo que no podía hablarse con nadie. Había una ley del silencio tácitamente implantada por la cual, de puertas para fuera, éramos algo así como la familia perfecta. Yo siempre bromeaba diciendo que había que parecer que éramos los Tanner, la familia aquella tan estupenda de la serie *Alf* que, en realidad, parece ser que no se llevaban muy allá. Por no hablar de los escándalos que salieron luego de varios miembros de la serie… A mí me costó mucho reconocer que en mi familia no todo era maravilloso y siempre lo hice con la sensación de estar traicionando la omertá del clan familiar.

Alejandra, 48 años, sin hijos, tres hermanas.

El arte del disimulo creando otra vez vínculos inquebrantables y pringosos. Así, la cuerda nunca se rompe por ninguna de las dos partes. En el fondo, el miedo de ellas a perdernos y quedarse solas es el miedo de nosotras a perderlas y puede que también a encontrarnos inexplicablemente desamparadas o privadas de nuestro histórico báculo. Y quizá esa sea la verdadera razón para que acabemos aceptando según qué cosas, para que no pongamos según qué límites y para que entremos en esquemas que calificamos con cierta alegría de chantaje emocional y que quizá simple y llanamente sean eso, miedo.

Y también, ¿por qué no?, una cierta soberbia, la nuestra, la de creer que nuestras madres están más indefensas de lo que lo están, la de pensar que jamás van a superar nuestra marcha o nuestra separación, la de suponer que no podemos enfadarnos con ellas o decirles que no a riesgo de herirlas de muerte. Por aquello de sentirse imprescindibles. Una omnipotencia que suena bastante familiar. Una especie de siniestro *déjà vu*. Porque ¿acaso no resulta alarmantemente simétrica a la desmesura que algunas madres despliegan en el ejercicio de su maternidad?

> Con cualquier distanciamiento, aunque fuera temporal, me acababa sintiendo fatal, como que no la estaba cuidando. Lo intenté varias veces. Pensaba: no importa lo que me diga, voy a hacer un esfuerzo para no entrar a la confrontación. Pero lo lograba dos de cinco veces. Las otras tres era una batalla campal. Unos dramas muy bestias. Reflexionándolo ahora, no sé si en el fondo lo que subyacía es que no quería romper porque me daba miedo. No sabría decirte.
>
> Manuela, 46 años, sin hijos, un hermano. Madre fallecida.

Al final, todo ese miedo no es sino el pavor de madre e hija a mostrarnos como somos. Imperfectas, claro, pero sobre todo distintas, diferentes, diferenciadas y diferenciables. Autónomas e independientes. Y en esa falta de definición entre la una y la otra, entre la otra y la una, se construye una arquitectura complicada de habitar en la edad adulta.

LA CONSTRUCCIÓN

—¿Por qué me odias, mamá?

—Solo quiero lo mejor.

—¿Cuándo conseguiré lo que yo quiero?

—Un día entenderás que conseguir lo que quieres no es lo importante.

Este hiriente intercambio pertenece a *Pearl* (Ti West, 2022), un filme de género que, por el camino, habla de las obligaciones heredadas en los cuidados (ese dogma de «tú mujer cuidarás a los demás al igual que has sido cuidada por mujeres»), de las expectativas maternales o de la posesiva dominación de algunas madres. Un diálogo que resume con incómoda exactitud de qué va todo esto. De sentimientos encontrados, de desentendimientos y de borrar identidades —o, al menos, de no desarrollarlas libremente— en pos de repetir el patrón heredado. Porque lo mejor no es lo que una quiere. Nunca. Lo mejor es aquello que otros idearon para ti. Siempre.

Inevitablemente, esta contención y esta renuncia tiñen las *profesiones* de madre e hija de un forzoso sacrificio que tiene bastantes papeletas de abocar en la consiguiente victimización. Por ambos lados. Con todo este andamiaje, era esperable que las entrevistadas refiriesen una relación complicada basada en muchos casos en malentendidos, cuando no en una dolorosa confrontación. Así, en este tipo de relaciones maternofiliales (que, repetimos, no son ni de lejos todas), el mapa descrito presenta muchos lugares comunes. Una cantinela repetida hasta la saciedad y de manera casi idéntica cuando se habla del asunto. Y tan escuchada a lo largo de los años —y no solo para este libro— que se convierte en un barullo de voces intercambiables e indiferenciables.

«Mi madre es la reina del blanco o negro y si algo he aprendido es que los grises y las contradicciones dan mucha paz». «Para mi madre, lo principal ha sido la alimentación y que no pasara frío. El cuidado básico, prácticamente animal, pero sin molestarse realmente en saber quién era yo». «Mi madre nunca ha sido de contacto físico, de dar abrazos». «Creo que en realidad ella no quería tener hijos. Nunca jugó con nosotras, ni hizo actividades de ningún tipo. Nunca me ha dicho te quiero. En su vida». «Nunca supo apoyarnos o consolarnos simplemente abrazándonos». «Mi madre es la ley y el orden. No hay disfrute alguno. Se olvidó de lo que era eso en algún momento». «De pequeña, sentía que mi madre no me aceptaba, que no era el tipo de persona que a ella le gustaba». «Mi madre nunca nos trató como niños. Desde pequeños, ya éramos adultos. Había un desapego ahí muy extraño. Solo empezó a hacer piña con nosotros por desesperación: cuando se separó de mi padre». «De pequeños, mi madre nunca nos dijo que nos quería». «Mi madre era la reina de la organización. Todo estaba siempre listo y perfecto y nunca nos faltó de nada. Pero en el plano emocional, había unas carencias importantes. Nunca hubo muestras de afecto físicas explícitas». «Ahora es como si mi madre, que siempre ha sido muy cuidadora, intentara comprar nuestro cariño atiborrándonos a túperes de comida cada vez que vamos de visita». «Mi madre ha sido extremadamente afectuosa, del amor para fuera, de besarnos, cocinarnos y hacernos disfraces; pero al mismo tiempo tenía para con nosotras comportamientos muy negativos, muy críticos, muy hirientes. De adolescente, bajo todo ese afecto desbordante, me hacía sentir un bicho raro porque no me gustaba salir o vestirme de un modo femenino. Y eso a mí me creó un desbarajuste enorme, una especie de disonancia cognitiva que me chirriaba muchísimo». «Incluso cuando teníamos unas peloteras tremendas, le hablaba a sus amigas como si yo fuera la reina de los mares. Siempre me resultó una paradoja extrañísima». «Nos sigue tratando como a niñas». «Mi madre sueña con unas hijas que siguen siendo sus nenas pequeñas. Tal cual». «Siempre me he sentido muy presionada para conseguir ser lo que ella quería que fuera». «Me preocupo mucho por su vejez, porque está todo el rato cuidando de los demás. Pero veo que cuando llegue el momento de cuidarla a ella no va a ser fácil». «Es extremadamente cuidadora y veo que es incapaz de salir de ese rol». «Creo que nosotras nos hemos interesado más por saber quiénes son en realidad nuestras madres que viceversa». «Mi madre no tenía ni idea de cómo era yo en verdad, ni de todo lo que yo había hecho. Empezó a conocerme cuando me fui a vivir a otra ciudad. De repente, me redescubrió. O mejor dicho, me descubrió como mujer adulta». «Según me fui haciendo mayor, mi madre empezó a perder interés por quién era yo o por la persona en la que me estaba convirtiendo. Sin embargo, me hablaba recurrentemente de episodios de cuando yo era pequeña». «Cuando tomo decisiones sin consultarla, noto ese respingo apenas disimulado y eso me hace dudar». «He dejado de hacer cosas que quería por mi madre. Por no hacerle daño. Muchas decisiones vitales han sido tomadas, en el fondo, para contentarla o al menos para no herirla. Siempre he querido vivir en una casa okupa. Si no lo he hecho, ha sido por ella». «Me flipan los tatuajes y no tengo ninguno. No acabo de decidir el lugar adecuado para que mi madre no me lo descubra. Y sí, tengo 41 años». «Mi madre era extremadamente intrusiva. Cuando me fui de casa, me llamaba constantemente. Llegué a desconectar el teléfono…». «Mi madre tiene una visión de todo muy unilateral. Sin fisuras. No hay posibilidad de mostrar otras realidades. Al final todo tiene que desarrollarse según su óptica». «No admite otros puntos de vista. Al menos no en sus hijas». «Siempre me ha parecido que mi madre me tenía cierta envidia, quizá por estar haciendo la vida que ella no pudo». «Es algo muy sutil, pero yo he sentido que mi madre me tiene celos simplemente por poder estar en el mundo sin depender de alguien que me mantiene». «Creo que mi madre me envidiaba y me admiraba a partes iguales. Recuerdo comentarios suyos más próximos a una amiga celosa que a una madre». «He sentido muchas veces esa envidia por parte de mi madre. Además, demostrándomelo de mala manera. Con los años he entendido de dónde venía: de una amargura brutal». «Tiene cierta tendencia a decirme que todo me va a acabar saliendo mal, que perderé las amistades o qué sé yo. Hay como una necesidad constante de tirarme para abajo, de que esté mal, de bajarme de la nube». «Nunca he sentido ningún refuerzo por parte de mi madre, nunca ha dicho nada bueno de mi persona». «Siempre he sentido que le parecía ridícula. De pequeña estaba gordita y me recuerdo en tutú sintiendo que ella pensaba: "mira, la gorda ahí con el tutú"». «La primera vez que fui a su casa con el pelo corto fue horrible. Como intuía, no le gustó y me lo hizo saber sin tapujos…». «Le cuesta infinito decirme algún halago, animarme a hacer algo o reconocerme los méritos. Me analiza con lupa». «Para muchas cosas, mi madre ha sido un poco el antimodelo». «Me he construido un poco a la contra, esforzándome por no parecerme a ella en todo aquello que no me gustaba». «Yo supe que mis padres se iban a separar un año antes de que sucediera porque me lo contó mi madre. Dejé de ser niña para preocuparme por asuntos que no eran míos. Creo que es mucha información para una niña y echarle una carga encima bastante innecesaria. No puedes hacer de tu hija tu confidente. Todo aquello me hizo mucho daño y se quedó ahí. Me ha costado años de terapia sacármelo». «Para mi madre, siempre fui su cómplice. Desde que recuerdo, ella me contaba la mala relación con mi padre como si yo, en lugar de su hija pequeña, fuera una amiga». «Fui confidente de mi madre durante mucho tiempo. Cuando ella estaba mal en su relación, me llamaba y me tenía dos horas al teléfono. Yo no decía nada, solo hablaba ella». «Nunca me he sentido autorizada para expresarle a mi madre mi malestar sobre su rol como madre. Para mí, suponía una deslealtad destapar toda esa desazón». «No considero que mi madre sea adulta emocionalmente». «Mi madre dice que lo único que le pasa, el único problema que tiene es mi padre. Por supuesto, no están separados». «En la vida de mi madre hay varios culpables: su marido y sus hijas. Ella carece de toda responsabilidad». «Mi madre me maltrata. Me ha costado mucho verbalizarlo así, pero es la verdad. Y como no sé poner límites…». «Cada vez que me llama, la conversación empieza reprochándome que hace un mes que no hablamos. Lo primero, el chantaje emocional». «Desde que nos fuimos de casa, su frase preferida (y completamente incierta) es: "Nunca tenéis tiempo para mí"». «Mi madre es la víctima universal. Cualquier excusa es buena para victimizarse, lo cual, de alguna manera, me convierte a mí automáticamente en verdugo porque tiene que haber una responsable que inflija todo ese dolor o que cause todo ese sufrimiento». «Ella es siempre la protagonista. Siempre. Da igual la desgracia que esté ocurriendo a su lado. Lo suyo va a ser, sin duda, mucho peor». «Todo le pasa a ella. Todo le sale mal. Todo es una confabulación contra ella. La peor suerte del mundo, la suya. Está convencida de que así es. Tanto que está siempre preparada para el desastre. Y si no sucede, da igual, ella ya se encargará de vivirlo como si lo fuera». «Nunca he escuchado a mi madre pedir perdón». «Le ha puesto motes a todos mis novios. Todos eran lo peor para ella». «Algunas de mis relaciones han fracasado porque yo sabía que a mi madre no le gustaba mi pareja. De algún modo yo acababa viendo a esas personas con el filtro y la mirada de mi madre y acababan no gustándome a mí tampoco». «Nada le parece bien. Siempre hay una pega, una queja. Está continuamente a la contra». «Mi madre me despreciaba porque no me gustaban los higos». «Una vez mi madre me dijo que me probara su vestido de novia para que así viera que no me cabía y que ella siempre ha sido más delgada que yo». «Me anda siempre comparando con las hijas de sus amigas o de sus vecinas para decirme que yo soy peor». «Mi madre me hace sentir culpable por defecto». «Me pregunta con insistencia que si tengo pareja cuando sabe que no la tengo o se lamenta de no tener nietos cuando sabe que no quiero tener hijos». «Mi padre nunca nos trató bien a mis hermanas y a mí, pero hasta que el maltrato no la afectó a ella no se puso las pilas». «Mi madre es una persona extremadamente jovial y cariñosa de puertas para fuera. En casa tiende a tratarnos de manera muy pasivo agresiva». «Cuando escucho a mi madre hablar con otras personas, me llevan los demonios. Cambia el tono y se convierte en alguien dulce, encantador y amabilísimo. Si se lo hago ver, me dice: "claro, es que con esa gente no tengo confianza. No puedo decir barbaridades"». «Cada vez que voy a ver a mi madre, salgo de su casa sintiéndome mala hija y poco cariñosa. Y lo que es peor, viendo cómo envejece».

Toda esta retahíla se confunde hasta lo increíble con algunos de los propósitos que escribieron sobre sus madres mujeres como Jeanette Winterson, Esther Tusquets, Vivian Gornick, Chantal Akerman, Alison Bechdel, Annie Ernaux o la propia Simone de Beauvoir…

«¿Por qué no estás orgullosa de mí?». «No recuerdo ninguna época en la que no me dedicara a ver mi historia como contrapunto a la suya». «La señora Winterson nunca respetó mi privacidad. Revolvía mis cosas, leía mis diarios, mis cuadernos, mis historias, mis cartas». «Jamás le pregunté si me quería. Me quería aquellos días en los que era capaz de querer». «Cuando no puedes confiar en el amor y eres una niña, asumes que está en la naturaleza del amor —en su cualidad— no poder confiar en él». «Creo que a la señora Winterson le daba miedo la felicidad». «Pero madre es nuestra primera historia de amor. Sus brazos. Sus ojos. Su pecho. Su cuerpo». «Casi todas las mujeres pueden dar, nos entrenan para ello, pero a casi todas las mujeres les resulta difícil recibir». «Me ha resultado arduo llegar a entender a medias, y a medias perdonarte (y estoy segura de que a ti ni se te ocurre que pueda haber algo que perdonar)…». «La ternura que tanto temía». «¿Qué ve, me pregunto, cuando me mira?». «No recuerdo ninguna conversación, como tampoco recuerdo ni siquiera un abrazo sin palabras». «Nos costaba consolar con ternura». «Y seguirá dándole vueltas una y otra vez, como hace cuando cree que no entiende algo, tiene miedo y busca refugio en el desprecio y en la crítica despiadada». «Su dolor se convirtió en mi elemento natural, mi patria de residencia, la ley ante la que me inclinaba». «Me despertaba con culpa y me acostaba con culpa». «No sabe que me tomo su angustia de manera personal, que me siento aniquilada por su depresión». «Lo que le sacaba de quicio, y nos dividía, era que yo pensase por mí misma». «¡Eres un desastre! ¡Eso es lo que eres! ¡Un desastre! ¿Cuándo aprenderás? ¿Crees que aprenderás alguna vez? Porque yo creo que no». «Sabe que puede contar con sus hijas, pero no le gusta pedir». «Tú también puedes maquillarte, me dice mi madre. Sí. No soltará presa nunca. Hasta su muerte, me dirá este tipo de cosas». «Hablo con mi madre casi todos los días. Mejor dicho: yo la llamo, ella habla, yo escucho. Esa es nuestra pauta». «Mi considerable capacidad verbal a menudo falla por completo cuando hablo con mi madre». «Entre los veinte y los treinta y tantos años, jamás me preguntó por mi vida». «Incluso ahora, cuando hace la pregunta a bocajarro, sé que su interés por mi respuesta es limitado». «Llevo en terapia toda mi vida adulta, y no he conseguido enterrar mis profundos sentimientos hacia mi madre». «¿Me está permitido odiar a mi madre? ¡No!». «El libro describía perfectamente la relación extrañamente invertida que tenía con mi madre, la sensación de que yo era su madre». «De hecho, desde que recuerdo, siempre he tratado de curar a mi madre». «En mi familia nunca se hablaba del amor. Estoy completamente segura de que ninguno de ellos me dijo nunca que me quería». «En la adolescencia me desprendí de ella y ya no hubo más que lucha entre nosotras dos». «No le gustó verme crecer». «Dejó de ser mi modelo». «Contraponía el silencio a sus tentativas para mantener la antigua complicidad». «Incluso viviendo lejos de ella, hasta que no estuve casada, seguía perteneciéndole». «Solo tenía una esperanza: vivir conmigo». «Como antaño, era la madre que rechazaba que la ayudaran». «Posesiva, dominante, le habría gustado tenernos enteras en el hueco de su mano». «Era, sin embargo, la más fuerte: su voluntad siempre ganaba. En casa, había que dejar todas las puertas abiertas; tenía que trabajar bajo su mirada, en la habitación en la que estuviera. Cuando por la noche mi hermana y yo charlábamos, pegaba el oído a la pared, devorada por la curiosidad, y nos gritaba: "Callaos". Se negó a que aprendiéramos a nadar e impidió a papá comprarnos bicicletas: por esos placeres que no habría compartido con nosotras, le habríamos escapado»[1].

Retención emocional, ausencia de límites, necesidad infinita de proveer y escasa educación emocional, cariños ambivalentes, intrusismo tenaz, ciertos rasgos de inmadurez emocional, responsabilidades no asumidas, miedo cerval a cualquier cambio, queja perenne, incapacidad para recibir, acusado bloqueo para pedir perdón, defensa a ultranza de las jerarquías, imposibilidad de tratar a las hijas adultas como tales, reproches cruzados, confidencias inadecuadas, confusión de roles, severa rigidez, terror a la vejez, celos, cierta desconfianza, deterioro relacional, canales de comunicación notablemente enrarecidos, secretismo, apariencias, victimización, desconocimiento de quienes somos en realidad más allá de nuestras facetas de hijas y madres y una preocupante fusión de identidades… Sí. Pero también necesidad enfermiza de aprobación y refuerzo, incapacidad de marcar límites, dependencia emocional, falta de identidad, problemas de autonomía, inmadurez, heridas narcisistas no resueltas…

[1] Extractos de: Winterson, J., *¿Por qué ser feliz cuando puedes ser normal?*, cit.; Freixas, L. (ed.), *Madres e hijas*, cit.; Gornick, V., *Apegos feroces*, Sexto Piso, 2017; Akerman, C., *Ma mère rit*, Gallimard, 2021; Bechdel, A., *¿Eres mi madre? Un drama cómico*, Reservoir Books, 2012; Ernaux, A., *Une femme*, Gallimard, 1990; De Beauvoir, S., *Une mort très douce*, Gallimard, 1964.

Un cuadro sintomático con un diagnóstico muy similar: el de estar atrapadas en una relación congelada en el tiempo que, para agravar el asunto, tiene mucho de simbiótica. Resulta llamativo que precisamente la relación que debería estar más preparada para evolucionar radicalmente, aunque solo fuera por la ineludible mecánica del tiempo, sea sin embargo la más estática. Castigadas, madres e hijas, a repetir hasta la náusea comportamientos y actitudes que se forjaron cuando uno de los miembros de la relación era un bebé. Si en un vínculo entre adultos, los decorados, los códigos o los pactos mutan, o deberían hacerlo, con cierta flexibilidad, esta que nos ocupa, sin duda nuestra relación más longeva, es sin embargo la más inamovible de todas. Y lo más peliagudo, la pausa es especialmente cruel para la hija: su horquilla de cambios está detenida para siempre jamás en un momento en el que estaba lejos de la edad adulta. Niñas perpetuas, madres inmortales. Para la psicóloga Lucía Fernández Peinó el razonamiento se cae por su propio peso: «El requerimiento que tiene un bebé no es el mismo que el que tiene un chaval de dieciocho años. A lo largo de la vida la madre ha de ir buscando la distancia o la cercanía según lo que necesite ese niño. No se trata de estar por estar, se trata de estar solo cuando te necesitan». También aquí De Beauvoir apunta que ese aferrarse más allá de toda sensatez a esa función maternal puede deberse a no soportar el hecho de envejecer. «Presa de las redes de la seriedad, [la madre] envidia todas las ocupaciones y las diversiones que arrancan a la niña del aburrimiento del hogar: esta evasión cuestiona los valores por los que se ha sacrificado. Cuando más crece, más se corroe del resentimiento el corazón materno; cada año acerca a la madre a su declive: de año en año, el cuerpo juvenil se afirma, se desarrolla; este futuro que se abre ante su hija le parece a la madre que se lo roba»[2]. Cabría cuestionarse si tampoco nosotras convivimos muy bien con encajar, vivir y acompañar la vejez de nuestras madres. En una sociedad que vive de espaldas a la ancianidad y que se resiste a dejar que las huellas del tiempo hagan su trabajo, es de suponer que así sea.

Una relación inmutable que, en última instancia, es consecuencia de esa unión total presente en ciertos apegos. Friday describe con claridad meridiana esta cultura nuestra que confunde con inquietante ligereza simbiosis y amor. «La simbiosis y el verdadero amor se excluyen mutuamente. El amor supone una separación. "Yo te amo" no puede tener sentido más que si hay un "yo" que ame a un "tú". En una relación simbiótica el uno no se preocupa realmente del otro. Solo existe una relación intensa de estar en relación, aun a riesgo de ser destructivo»[3].

De Beauvoir ya previno (¡cuánta desazón en la vigencia de algunos esquemas de hace más de medio siglo!) sobre esas madres que «se convierten en esclavas de su progenitura; cultivan indefinidamente una ansiedad mórbida, no soportan que el niño se aleje de ellas; renuncian a todo placer, a toda vida personal, lo que les permite hacerse las víctimas; estos sacrificios les sirven para negar al niño toda independencia; esta renuncia suele llevar aparejada una voluntad tiránica de dominio; la máter dolorosa convierte sus sufrimientos en arma que utiliza sádicamente; sus escenas de resignación generan en el niño sentimientos de culpa que a menudo arrastrará toda su vida: son todavía más nocivas que las escenas agresivas»[4].

[2] De Beauvoir, S., *El segundo sexo. Volumen II. La experiencia vivida*, Ediciones Cátedra, 2001.
[3] Friday, N., *op. cit.*
[4] De Beauvoir, S., *op. cit.*, 2001.

De alguna extraña manera, en *Mater amatísima* (1980), una película tan misteriosa como dolorosa del maldito entre los malditos J. A. Salgot, resuenan ecos de esa máter dolorosa de Simone de Beauvoir. La película cuenta la historia de una madre sola que tiene un hijo con autismo. Protagonizada por Victoria Abril, en un papel chocantísimo (aún era más conocida como azafata del *Un, dos, tres* que por sus papeles cinematográficos, a pesar de haber protagonizado alguna de Vicente Aranda), el filme gravita entre ecos zuluetescos y una especie de distopía de baja intensidad tristemente real. Pero lo más interesante es cómo se recogen muchas de las amenazas que se ciernen sobre las madres. Clara (Victoria Abril), una mujer moderna (¡a ver, es programadora informática en los albores ochenteros!), da a luz a un hijo autista y es literalmente obligada a tomarse tres meses de vacaciones para atender a su hijo. Ante su súplica («Eso me ayudaría muy poco a encontrar mi equilibrio»), el hombre que tiene enfrente —su jefe— hace oídos sordos. Por supuesto, ÉL sabe lo que es mejor para ELLA. A partir de ahí empieza un proceso de borrado de la mujer en pos de la madre. Clara empieza a reconocerse y a identificarse con su hijo. Hasta tal punto se aísla que deja de relacionarse con el mundo exterior creando un claustrofóbico espacio cerrado en el que estar solos el niño y ella. La mujer reducida únicamente a su condición de madre. Una relación patológica con tintes de un incómodo amor que, como mandaba la época, tiene sus referencias drogadictas. Fábula sobre adicciones y enganches, pero, sobre todo, un poderoso relato sobre las delirantes consecuencias de una quimérica y tiránica construcción de la maternidad y sobre lo que sucede cuando la violencia social se ejerce sin miramientos sobre el cuerpo y la cabeza de las mujeres.

González de Chávez describe este mecanismo que surge, sí, otra vez, de la culpabilidad asociada indisolublemente al maternaje:

> La culpabilización hacia la madre es quizá el mejor recurso que también se ha utilizado para obligarla a obedecer (externa e internamente) con las normas y obligaciones que han tipificado el rol materno. De este modo, ella es experta, no solo en sentir, sino también en crear culpabilidad. También es frecuente que toda la ira contenida que no puede hacerse consciente encuentre vía de expresión en mecanismos defensivos de formación reactiva. Las necesidades insatisfechas, las propias angustias de no poder ejercer como «buena madre», las hostilidades inconscientes… emergen a menudo bajo formas de hiperprotección y sofocamiento del hijo con cuidados, comida u objetos[5].

En un momento de la película en el que la médica aconseja a Clara que deje al niño en manos de profesionales, esta le espeta: «Te agradezco enormemente la ayuda, pero para ser feliz, me necesita a mí». La simbiosis, la dependencia y la omnipotencia en estado puro. Un amor que acaba ahogándose en sí mismo. Lo que empieza siendo un «mi hijo sin mí no es nada» acaba en un «sin mi hijo, no soy nada». Un amorfo organismo unicelular en el que nadie es nada sin el otro. Y que, según Friday, es el origen de ese otro parámetro que algunas acusan en las relaciones entre madres e hijas: la rivalidad. «El diccionario da de la competición la siguiente definición ecológica: "Lucha que libran los organismos, sean o no de la misma especie, por la comida, el espacio y otros factores de

[5] González de Chávez Fernández, M. A., *op. cit.*

existencia". ¿Acaso existen dos organismos que compartan un espacio físico y psicológico tan estrecho como la madre y la hija?»[6]. Así sentiremos que nuestra identidad se va formando, sí, pero a costa de la oposición materna. Y en ese ir y venir entre la necesidad de separarse y de ser y la culpa de estar haciéndolo se desarrolla gran parte de todo este follón.

> Recuerdo una gripe tremenda que tuve. Mi marido me compró tulipanes, mis flores preferidas, y como es tan cortés fue a visitar a mi madre y le llevó un ramo a ella también. Al poco vino mi madre a verme y mientras estaba yo literalmente muriéndome en la cama no callaba con que mi marido le había llevado unas flores preciosísimas. De pronto se fijó en que en la mesilla había un jarrón con flores. Me dijo: «¿Y esto?». Le contesté que me las había traído mi marido. Se le mudó la cara, las miró así como por encima del hombro, con desprecio, y sentenció: «Bueno, pero las mías son muchísimo más bonitas, dónde va a parar».
>
> Juana, 50 años, tres hijos, una hermana.

Primer amor

Sigmund Freud afirmaba que el primer objeto de amor es la madre. Y de este primer vínculo tumultuoso a la hija le costará horrores tomar distancia siendo, según Freud, una relación abocada a la catástrofe. Lacan, en un gesto infinitamente poético, bautizaría dicha relación como la devastación (la que la madre puede provocar en su hija). Un panorama muy alentador… Más si tenemos en cuenta que, siguiendo

[6] Friday, N., *op. cit.*

las doctrinas de Sigmund, todas nuestras relaciones amorosas posteriores no serán sino un desvaído reflejo de ese primer amor catastrófico. Hasta Ferrante, que calificó con justeza el psicoanálisis como «el léxico del precipicio», cree a pies juntillas en esta especie de maldición familiar consistente en repetir ese vínculo fallido en el futuro emocional de la hija. Otra vez, la madre interna instalada en lo más profundo del aprendizaje.

Seguramente estos aciagos augurios se explican infinitamente mejor si nos alejamos del psicoanálisis y consideramos aquello de que hemos sido construidas como «seres del amor». Y no precisa o exclusivamente por nuestras madres, sino por un sistema que alienta a ello. El amor como meta y como jaula[7]. Lo ilustra a la perfección Lagarde[8]:

> Una mujer colonizada, una mujer habitada aspira a colonizar y a habitar de la misma manera en la que es habitada y colonizada. Su ideario de amor es el amor enajenado, el amor-dominación. Un amor muy patriarcal que resulta funcional al mantenimiento de la dominación de las mujeres por los hombres. En un amor enajenado, una quisiera que la otra persona no tuviera límites. Como yo no los tengo, aspiro a que tú no los tengas. Como yo no soy libre, aspiro a que tú tampoco seas libre, como yo estoy invadida, aspiro a poder invadirte.

Y, claro, si aprendemos a amar en nuestra primera relación amorosa y esta es con nuestra madre, convendría chequear cómo fue. Ya se sabe que «de aquellos polvos, estos lodos».

[7] González de Chávez Fernández, M. A., *op. cit.*
[8] Lagarde y de los Ríos, M., *Para mis socias de la vida*, cit.

Lo que Freud llamó «compulsión de repetición» y que aplicado al tema que nos concierne sería algo así como el impulso inconsciente de tratar de arreglar, mejorar o enmendar una relación fallida (por mucho que ni siquiera la reconozcamos como tal) con nuestra madre a través de nuestro actual historial afectivo. Sí, la cosa suena, efectivamente, tan mal como resulta. Así, por ejemplo, el déficit —o herida— narcisista se transmitirá de generación en generación. De carencias afectivas, probablemente saldrán hijas que buscarán apremiantemente que las amen por encima de todo. Una transposición del amor materno total e incondicional que se va buscando empecinadamente en cada relación. «Al relacionarnos amorosamente, muchas mujeres buscamos en los demás una madre. Cuando esto sucede, cada fracaso, cada vacío, cada carencia es sufrida doblemente, porque la vivimos en relación a la persona concreta, y en relación al deseo de encontrar en ella a una madre. La frustración es doble: no solo no me das, sino que no me das como madre»[9].

> Me revolvía muchísimo en cuanto notaba que mis novios no estaban presentes. En cierto modo, era como si buscara todo el rato la presencia de la madre que nos abandonó. Como si esperara que ellos me dieran lo que mi madre nunca me dio. Pensándolo ahora es cierto que he empezado a tener relaciones sanas justo desde que tomé la decisión de alejarme un poco de mi madre. Creo que si quieres tener una relación de pareja es absolutamente incompatible con seguir dándole vueltas al vínculo materno. Si no, al final, te quedas toda la vida en ese bloqueo tan incapacitante.
>
> Lea, 45 años, sin hijos, dos hermanas.

[9] Lagarde y de los Ríos, M., *Para mis socias de la vida*, cit.

Para mí la clave fue tener acceso a un modelo diferente. Cuando apareció en mi vida mi pareja, me encontré con alguien que venía de un entorno que no tenía nada que ver con el mío. Y pude conocer un contexto familiar diferente al mío. Relaciones materno-paterno-filiales agradables, de igual a igual. Un lugar donde se podía hablar de todo y donde había y hay mucho sentido del humor. También es cierto que mi chico vio muy rápido lo que había de mi madre en mí y empezó a marcar ciertos límites. Yo ya le había dicho que sabía que tenía que trabajar en ello, pero me ayudó toparme con otra realidad en la que no se relacionaban siempre echando la bronca... Tuve que distanciarme un poco para ver todo ese dolor y entender que tenía que coger el volante y encontrar los caminos. Y me puse a trabajar con la conciencia, con el corazón, con el cuerpo, a buscar, a leer... Comprendí que en la relación con mi madre estaba el gran tema.

Ana, 44 años, un hijo, un hermano.

Nunca fui consciente de lo que me pasaba mientras estaba queriendo, mientras estaba metida en la relación. Con la distancia y desde el análisis, empecé a intentar entender el porqué de mis mecanismos y el porqué de querer así. Quise investigar otras formas de amor. También hubo mucha lectura, muchas vivencias y mucho feminismo que me ayudaron a entender de dónde venimos y por qué queremos como queremos. Y ahí fui poco a poco encajando que mi forma de querer tenía un poquito de dependencia del otro, de necesitar todo el rato la aprobación ajena y de tener que ser siempre una persona perfecta, maravillosa y preciosa. Llegó un momento en el que tuve que pararme a pensar qué estaba pasando ahí. Empecé una terapia y a intentar entenderme. A partir de ahí, pude iniciar los cambios.

Gabriela, 44 años, un hijo, un hermano.

Tardé mucho en ser consciente de hasta qué punto lo que había vivido con mis padres me estaba perjudicando con mi pareja. En el fondo, yo estaba convencida de que mi pareja no me podía querer. Con lo cual, por un lado, me estaba boicoteando por la convicción de que en cualquier momento mi pareja se iba a ir. Y, por otro lado, arrastro la sensación que sentí de pequeña, por parte de mi madre, de no ser querida al 100 %. Yo no confío en que la gente me quiera de verdad.

Rosa, 48 años, sin hijos, tres hermanas y un hermano.
Madre fallecida.

Me ha costado la vida y un dolor inmenso darme cuenta de que estaba reproduciendo en mis relaciones de pareja el vínculo tan complicado que había tenido y tengo con mi madre. Que toda esa exigencia y esa frustración desde las que ella se relaciona conmigo eran demasiado parecidas a las que yo reproducía en mis patrones sentimentales. Cuando te das cuenta es tan liberador como desgarrador. Cuesta tanto trabajo llegar hasta ahí y reconocérselo a una misma... También he tendido a tener parejas muy narcisistas, intuyo que buscando justo la aprobación del que menos me la va a dar. Y a exigirme a mí misma ser perfecta. En el momento en el que, por lo que sea, sentía que había metido la pata, todo empezaba a derrumbarse. Pienso que eso me viene un poco de repetir el modelo de mi madre, una persona muy perfeccionista y con una insatisfacción permanente que se ha relacionado conmigo desde ahí.

Alejandra, 48 años, sin hijos, tres hermanas.

Nada nuevo bajo el sol. Ya en los setenta, Friday escribía: «La mujer cuya madre era fría y narcisista, pero que recibía de ella el suficiente afecto como para poder experimentar hacia ella sentimientos positivos, con frecuencia terminará casándose con un hombre igualmente frío y narcisista»[10]. Esta condena sentimental solo se rompe, según Fernández Peinó, reconociendo, enfrentando, sanando y con las herramientas adecuadas:

> En el cerebro, el sistema de apego y la vinculación de los progenitores con los bebés dejan unas expectativas de lo que cada persona es, de lo que es el mundo y sobre cómo funcionan las relaciones. A veces funciona como un láser dibujando una placa base de un ordenador. No se puede cambiar así como así. Lo que hacemos en terapia es generar redes alternativas más complejas, llenas de mentalización, cooperación o intersubjetividad para que todo funcione bien, pero, según el psicólogo italiano Giovanni Liotti, la base siempre va a estar ahí, aunque inactiva gracias a estas nuevas redes y esquemas.

Según estas teorías, este primer amor se fragua en los compases iniciales de nuestras vidas: «El apego del niño se desarrolla en función de la vinculación de la madre —afirma Fernández Peinó—. Estas estructuras son indispensables para desarrollar el lenguaje, la inteligencia y el resto del cerebro y vienen determinadas por el vínculo. Incluso la construcción del amor tiene que ver. Y claro que es la relación más importante y la que más marca: sales de ahí, eres un trozo de carne de esa mujer». Olza amplía el campo de batalla lanzando una inquietante hipótesis al aire:

[10] Friday, N., *op. cit.*

> En mi opinión, el patriarcado se ensaña especialmente en romper esa primera relación amorosa, patrón para las siguientes, en no valorarla bien y en no cuidarla. Por ejemplo, cuando nuestras madres parían, a muchas directamente las dormían con anestesia general. Eso es una barbaridad. ¿Cómo te vas a enamorar de tu bebé si no te acuerdas de nada? Como cualquier mamífera, una madre tendrá una reacción agresiva si la separas de su cría. Coartar ese comportamiento mediante una suerte de sumisión química probablemente desencadene respuestas en nuestro cerebro como sentimientos de culpa que quizá favorezcan la depresión postparto. Esa ferocidad, ese amor feroz se vuelven en un malestar contra nosotras mismas por la propia frustración, como si dijéramos, del programa que traíamos incorporado.

Fernández Peinó remata:

> Es algo tremendamente machista. Esa cosa tan violenta de dictaminar incluso cómo funciona un bebé. Por ejemplo, la expresión de *mamitis*. Decir que se tiene exceso de apego a la madre es, neurobiológicamente, una barbaridad. Nunca se tiene exceso de apego, lo que se tiene es si acaso sobreprotección, pero el apego existe y es un mecanismo defensivo de los mamíferos. O esto que se puso de moda en los ochentas de que los bebés tenían que dormir solos según el método Estivill. ¡Imagina una cría de mono sola en la sabana!

En mucho de lo visto hasta ahora, la teoría de la vinculación se ha mostrado como hipótesis irrebatible sobre la que fundamentar ciertas argumentaciones y terapias. Sin embargo, no toda la comunidad científica (designe esto lo que designe) está tan convencida de lo irrefutable de dicho argumento.

En *Vinculación madre-hijo. Una ficción científica*[11], Diane E. Eyer se encarga de desmontar dicha hipótesis con argumentos bastante sólidos. Sería injusto resumir casi 300 páginas en un párrafo, pero también una lástima no apuntar algunas de las conclusiones de la autora, así que aquí van unos rápidos brochazos del tratado. Lo que Eyer viene a constatar es que, en ocasiones, la ciencia alumbra teorías encaminadas a satisfacer objetivos institucionales que, sin embargo, se extienden como manchas de aceite pasando a formar parte de las creencias populares. Según Eyer la ciencia tendría bastante más de construcción o proceso social de lo que nos gustaría creer. Un funcionamiento cuyas víctimas son (sorpresa número mil) las mujeres. Según la psicóloga autora del libro, la incontestable vinculación madre-hijo (esa ideología por la que la madre «es vista como el artífice fundamental de la vida del hijo y la responsable de cualquier problema que pueda amenazarle, no solo en su infancia, sino también a lo largo de toda su vida de adulto») no tiene ninguna base biológica. Eyer repasa los orígenes de la teoría y la escasa consistencia científica de los experimentos que dieron lugar a dicha verdad científica. Verdad que ha sido descartada a posteriori en reiteradas ocasiones, pero que, aun así, sobrevive. Uno de los caballos de batalla del libro es que las mujeres no somos ansarones, cabritillas ni pegamento y que basar toda una relación vital en el apego de los primeros momentos es reducir nuestro mecanismo al de los animales. «La investigación sobre vinculación redujo a la mujer a un autómata que actúa igual que los animales, no por lo que se refiere a su capacidad de razonar, su complejidad psicológica o sus circunstancias económicas y sociales, sino más bien por su intrínseca e inevitable inferioridad». Y también: «Usar modelos

[11] Eyer, D. E., *op. cit.*

animales para simular procesos fisiológicos discretos no es lo mismo que usar modelos animales para explicar la conducta del adulto humano, que es capaz de componer óperas, poner satélites en órbita y tener pesadillas nocturnas»[12]. Eyer trata de demostrar a lo largo del libro que en realidad la teoría de la vinculación partió de un propósito bastante encomiable: una mejor organización del parto hospitalario y una prevención en el maltrato infantil. De ahí a decir que cualquier madre que no desarrolle ese apego en el posparto tiene amplias posibilidades de maltratar a su hijo hay, según ella, un trecho. Siempre según Eyer, la teoría de la privación materna es en realidad una ficción conservadora que vuelve a poner la culpa en las madres dejándolas presas del mito ya mencionado del «ángel del hogar». Una hipótesis que encaja a la perfección en las idealizaciones de maternidad e infancia y que, por lo tanto, sigue haciéndole el juego a esa mística de la maternidad con todo lo que ello conlleva. Como, por ejemplo, olvidar que sobre los niños «influye todo un abanico de personas que interactúan con ellos, de alimentos que comen, de música que oyen, de televisión que ven, de esperanza que ponen en el mundo de los adultos y de instituciones —en especial escuelas— que los atienden. Los niños tienen padres, hermanos, hermanas y amigos de la misma manera que tienen madres»[13].

Yo, madre

Pero volviendo al ansia de repetición, cuidado que esta reiteración de modelo no se da solo en lo sentimental… Aún hay más.

[12] Juraría que uno de mis perros las tenía… Pesadillas nocturnas, quiero decir.
[13] Eyer, D. E., *op. cit.*

Siempre según estas teorías, las posibilidades de rehacer como madre lo que viviste como hija son bastante altas. A cada maestrilla, su librillo. «El patrón de los cuidados maternos se transmite de madre a hija por medio de la cantidad de cuidado y atención que dispensa la primera. Cuando la hija se convierte en madre, la cantidad de contacto que mantuvo con su madre predice con precisión la que ahora ofrecerá la propia hija»[14]. Suena a herencia mitológica o a maldición bíblica. Pero ¿cuántas veces hemos escuchado a mujeres confesar con horror y pavor que se han visto a sí mismas actuando como sus propias madres, por mucho que se hubieran jurado no repetir ni uno solo de los errores que cometieron con ellas? Esto sucede, según estas corrientes de pensamiento, precisamente por la falta de diferenciación ya citada. Así, esa nueva madre seguiría siendo, en el fondo, una hija que no recibió de su madre lo que esperaba y, por lo tanto, con ciertas dificultades para proveer de amor, autoestima y demás necesidades a su propia hija. Lo que algunos teóricos han dado en llamar la orfandad de las madres. Las madres sin madre.

La aplastante lógica de la simbiosis impone que la hija, al convertirse en madre, se transforme, casi por arte de magia, si no en la viva imagen de su progenitora, sí en una copia bastante reconocible. González de Chávez establece que, en el momento de ser madre, se ponen en marcha tres procesos: «la separación definitiva, porque se ha de dejar de ser fundamentalmente hija; la identificación, pues se debe ser (como la) madre, y la rivalidad, ya que se ocupa por fin el lugar que ha sido largamente envidiado y en el que se aspira a ser tanto o más que ella»[15]. A esto sumémosle que la hija tiene interiorizados

[14] James, O., *op. cit.*
[15] González de Chávez Fernández, M. A., *op. cit.*

unos valores y unos modelos de feminidad y maternidad asimilados de su madre, pero también de su entorno. Al no haberse producido la separación real, la tendencia es repetir ese ideal del yo femenino en momentos clave, como su maternidad.

Una maquinaria que, según Fernández Peinó, se hace más patente si la criatura es niña:

> Hay un árbol familiar con unos traumas transgeneracionales que se van trasladando como mandatos familiares de padres a hijos, de generación en generación, y que no se detienen a no ser que se vaya a terapia. Cuando se tiene un hijo es un momento en el que «se abre» mucho el apego. Neurológicamente, cuando una mujer da a luz se activan redes neuronales del autocuidado de cuando ella fue bebé. Si es una niña, es mucho más fácil que empiecen a activarse esquemas automáticos en los que de repente la madre se identifica con esa niña recién parida como la hija que ella fue. Si la mujer ha tenido problemas de apego, se mimetizará con su hija desde la exigencia, la sobreprotección y la competitividad, si es que esta ha sido su experiencia traumática de niña, ya que son los esquemas que aprendió y se grabaron en su cerebro sobre «quién soy» y «cómo hay que cuidar a una hija». Se encenderá su propio sistema de apego en lugar de estar vinculando y diferenciando sus necesidades de las de ese bebé. Y repetirá esquemas de su madre que juró no hacer jamás.

Esta amenaza en el aire provoca, según confiesan algunas de las entrevistadas, tener la alarma activada al hacerse madres.

> Durante mucho tiempo pensé que no quería tener hijos. Me daba mucho miedo ser como mi madre. Es algo que está ahí, como un aviso. Me sobrecoge solo pensarlo. Obviamente,

creo que no estoy repitiendo patrones. Pero también me da miedo irme completamente al otro extremo y equivocarme. Es imposible no sentir ese miedo de repetición si has tenido una relación insana con tu madre. Cuando me dicen «¡cómo te pareces a tu madre!» se me ponen los pelos como escarpias. Pero cuando decidí ser madre, sentí que realmente no teníamos nada que ver. Aunque, obviamente, la genética está ahí y pesa.

Sol, 40 años, una hija, una hermana y un hermano.

Yo intento hacer con mi hija todo lo que mi madre no hizo conmigo. No llegar nunca tarde a recogerla al colegio, prepararle la merienda, ir a buscarla a sus actividades. Mimarla, que se sienta protegida y cuidada. Acompañarla en sus miedos, pedirle perdón si me equivoco.

Celia, 49 años, una hija, una hermana.

Yo no sé si alguna vez dejaré de ser hija para mi madre. Me temo que ni siquiera cuando me toque cuidarla. Porque yo he visto a mi madre cuidando de su madre y creo que aun así seguía siendo hija. En mi caso, creo que cometeré y estaré cometiendo otras equivocaciones de las que no soy consciente. Obviamente también nosotras somos hijas de nuestro tiempo y, por mucho que tengamos la intención de estudiarnos, analizarnos y cuestionarnos, hay muchas cosas que se nos escapan. Seguramente caeremos en fallos contextuales que, dentro de unos años, dirán: «¡Madre mía, lo que hicieron estas señoras!». También es verdad que mi hijo es chico. Yo tenía mucho miedo de tener una niña. ¡Me daba pánico! Imagino que por la posible repetición. Para mí es un tema muy peliagudo y prefería no tener que tocarlo no fuera a ser que…

Gabriela, 44 años, un hijo, un hermano.

Tal es la sensación de que la herencia está arraigada en lo más profundo de una misma que la aprensión a la posibilidad de repetir es mayúscula. Probablemente el caso más gráfico, en este sentido, sea el de Lea, abandonada como ya hemos visto por su madre en una precoz adolescencia.

> Afortunadamente, siento que siempre he podido decidir con cierta cordura e integridad qué hacer con mi vida. Cuando, probablemente no en la mejor de las circunstancias y desde luego no con la figura ideal paterna, me llegó el momento de elegir si ser madre o no, decidí abortar. Me daba un miedo monumental, absolutamente incontrolable. Sentía que repetía patrón, que lo iba a rehacer todo. Cuando se lo expliqué a mi madre, ella lo entendió perfectamente. Desde fuera sí fue capaz de comprender la situación. Recuerdo que me dijo: «No traigas ese hijo al mundo». Creo que en su interior, aunque nunca me lo verbalizó, se estaba diciendo a sí misma: «No lo traigas de la manera en la que yo lo hice». En aquel momento ella pudo conectar consigo misma y decirme que hiciera lo que ella no pudo o no se atrevió a hacer. ¿Cómo es posible traer un ser al mundo bajo esa estela de miedo tan profundo? Ni tu cuerpo ni tu ser están bien. Simplemente no puedes. ¿Qué es lo que le pasó a mi madre? Pues que trajo al mundo tres hijas, pero podrían haber sido ocho o dos. También entiendo que forma parte de aquella generación. Aunque aún ahora se sigue repitiendo esa inercia de tener hijos. Pero es curioso que la primera vez que he sentido el apoyo real de mi madre, que estaba ahí, que intervenía y que me cogía de la mano, fuera en este momento. Me parece muy significativo que el gran acompañamiento de mi madre se produjera en el momento en el que decidí abortar.
>
> Lea, 45 años, sin hijos, dos hermanas.

Yo no soy esa que tú te imaginas

En el año 1971, Mari Trini cantaba y componía «Yo no soy esa». Un himno claramente feminista en el que la cantante, con su característica ironía, hacía un retrato generacional (es un decir, parece que la generación en cuestión se está estirando como el chicle demasiado gastado que es) de esa mujer de la que usted me habla. Desde autodenominarse, con toda la retranca, como «niña» a enarbolar el contundente mensaje de no ser esa persona que el señor de turno (por supuesto, un fanfarrón de libro) esperaba, imaginaba, creía o deseaba. Una proclama tan rotunda que a fecha de hoy sigue funcionando a la perfección. En este ejercicio de autoafirmación se encierra, en dos pinceladas, la realidad histórica y social de todo un conjunto de mujeres condenadas a existir como niñas y a conformarse, especialmente en el terreno amoroso, según unos ideales masculinos tan absurdos como castrantes. Y, sobre todo, supone una furibunda reivindicación de autonomía y de libertad para ser aquello o esto otro y no lo que otros fantasearon o proyectaron en un claro ejercicio de sometimiento patriarcal.

Yo no soy esa que tú te imaginas
Una señorita tranquila y sencilla
Que un día abandonas y siempre perdona
Esa niña sí, no
Esa no soy yo
Yo no soy esa que tú te creías
La paloma blanca que te baila el agua
Que ríe por nada diciendo sí a todo
Esa niña sí, no
Esa no soy yo

No podrás presumir jamás
De haber jugado
Con la verdad, con el amor
De los demás
Si en verdad me quieres, yo ya no soy esa
Que se acobarda frente a una borrasca
Luchando entre olas encuentra la playa
Esa niña sí, no
Esa no soy yo

Dice Lagarde que «mientras las mujeres no hagamos de la libertad un valor amoroso, estaremos sujetas a otros o sujetaremos a otros o a otras, nos dominarán y dominaremos»[16].

Puede que ahí radique la fuente, si no de todos los males en las relaciones maternofiliales, sí de gran parte de ellos. En esa incapacidad de ser libres, de vernos independientes, subyace una necesidad casi imperativa de sentir que pertenecemos a alguien. Y quizá uno de los primeros requerimientos sería mostrar nuestra verdadera identidad, frecuentemente sepultada por mandatos de género. Ser quienes somos. Abandonar de una vez por todas ese simulacro que nos hace comportarnos como las hijas que quizá no somos, esperando unas madres que probablemente no tengamos, para también liberarlas a ellas de conducirse como las madres y las mujeres que no pueden ser suspirando por las hijas que no tienen.

Según estoy reflexionando sobre todas estas cuestiones, me doy cuenta de que mi padre siempre ha dicho y dice lo que piensa. Supongo que los hombres han podido hacerlo.

[16] Lagarde y de los Ríos, M., *Para mis socias de la vida*, cit.

> Y creo que mi madre, por una idea heteropatriarcal, modula o incluso cambia el discurso buscando la validación de los demás.
>
> Bruna, 36 años, sin hijos, una hermana.

Y puede que para poder SER nos toque a nosotras, ¿por qué no?, hacer un poco de pedagogía.

> Un punto importante en nuestra relación fue cuando mi madre supo que me gustaban las chicas. Ella vive en un entorno rural, muy tradicional, y creo que, al enterarse, le escoció no tanto por ella, sino por el clásico «¿qué dirán?» de las vecinas. Aun así, me dijo alguna cosa que no me gustó del todo. En principio, lo dejé pasar, pero luego pensé que me apetecía tener un diálogo más íntimo al respecto. Y, poco a poco, haciendo un poco de mediadora de mí misma le hice entender. A raíz de aquella conversación, no solo ha ido comprendiendo, sino que se ha vuelto casi activista. Y estoy muy orgullosa. Es verdad que a veces nuestras madres nos tratan como niñas, pero también nosotras jugamos a eso. También hay que plantarse y decir «yo soy esta». Y aunque haya cuestiones que dan un poco de pereza porque igual no las van a entender del todo, hay que hacerlo de cara a una relación de futuro más adulta. Como hijas, nuestro papel ha sido el de estar esperando. A lo mejor ha llegado el momento de cambiar el rumbo y de agarrar nosotras el timón, aunque pueda resultar complicado y a veces hasta doloroso.
>
> Paula, 32 años, sin hijos, una hermana.

«Soy tu padre»

Muchas de las entrevistadas relataron cómo, a medida que la relación con su madre se iba deteriorando, el vínculo con su padre iba enriqueciéndose. Como si con el paso de los años el elástico (por aquello de que no se rompe jamás) cordón umbilical empezara a ahogar y la figura, en ocasiones tan ausente, del padre comenzara a resultar tan acogedora como prometedora. Como si, cuando el padre deja de ser mera figura de proveedor material, los lazos establecidos pudieran ser, de repente, ¿y por qué no?, de carácter emocional. Emocionalmente adulto. Un esquema reincidente que, dejando a un lado delirantes cuestiones como la envidia de pene y el rencor a la madre por habernos engendrado —¡oh, pobres de nosotras!— castradas, tiene que obedecer a alguna causa algo menos psicoanalítica. Pequeña pausa aquí para elucidar cómo se produce la desvinculación de la madre a favor del padre según Freud: cuando la niña se da cuenta de que su madrecita adorada es, en realidad, una madre castrada no solo dejará de quererla, sino que comenzará a odiarla hasta nueva orden. Al tiempo, volverá sus afectos hacia su padre con la vana perspectiva de que él le entregue el pene que ella tanto desea para sí misma… Trasladando esta hipótesis a un lugar más tangible, obtendremos un cuadro algo más realista. Quizá simplemente, la explicación se basa en el tremendo descubrimiento por parte de la hija de que el mundo está gobernado por hombres, que la jerarquización familiar no escapa a esa construcción patriarcal, que el prestigio que ella ansía se escribe en masculino y que ella, de repente, está en clara situación de inferioridad. Junto a toda esta atroz revelación, el papel de la mujer, muchas veces condenado a madre que sufre (porque todas las madres lo hacen) y esposa que aguanta (porque todas las esposas lo hacen), no anima demasiado a ser considerado como un modelo al que admirar y querer parecerse. ¿Cómo admitir que ese es el único futuro para el que una está destinada?

Puede que toda esta rebelión acabe reforzando la rivalidad antes planteada. Una contienda que, en muchas ocasiones, viene alentada desde el exterior. La fabulosa película *The Heiress* (William Wyler, 1951) lleva esta carrera de méritos entre madre e hija hasta sus últimas consecuencias. Así, el personaje interpretado por Olivia de Havilland tendrá que vérselas con la sombra alargada de una madre ya fallecida, pero permanentemente mentada para hacerle de menos. Y el que azuza semejante disputa no es otro que su padre, que una y otra vez le recuerda que no está, ni estará nunca, a la altura de su desaparecida progenitora. No sabemos qué diría Freud de todo esto…

Es de esperar que en este terreno abonado para la competición, la madre no admita con facilidad que le haya salido una contrincante en su propio reino. El resultado será un tratamiento hacia la hija casi de adulta (como bien se reflejaba en la maraña de lamentos antes transcritos) imponiéndole unas exigencias absolutamente impropias para su edad[17]. Una figura de una aplastante severidad bastante poco atractiva para la hija. Y aquí conviene aclarar de dónde puede venir este rigor en muchas ocasiones tiránico. Lagarde aporta la necesaria contextualización:

> Buena parte de la vida la pasamos las mujeres transmitiendo órdenes, regaños, normas, deberes, obligaciones y quejas.

[17] Curiosa esta adultez sobrevenida cuando luego será todo lo contrario: la hija adulta tratada a perpetuidad como la niña que dejó de ser hace lustros.

La queja constante es una de las grandes expresiones de la impotencia aprendida en las mujeres; ya sea como comunicación con el mundo, como reclamo o exigencia que se hace no para resolver sino para ser consolada; es una búsqueda de conmiseración, caridad, piedad, o sea, de manifestaciones afectivas de la dominación y no de alternativas. En el discurso cotidiano de los hombres la exhibición de los éxitos ocupa el mismo espacio que en las mujeres ocupa la queja y la norma. Para los varones es el discurso del yo: lo logré, lo hice, llegué, pude, transformé, resolví, me peleé. Es un discurso del yo exitoso, que aun cuando el logro sea inadecuado, logra[18].

Eso por no hablar del famoso doble turno que convierte a las madres en «los pararrayos de la agresividad familiar suscitada por la aceleración de la vida laboral y familiar. Son las "malas" en un proceso en el que además son las víctimas principales. Y ese es, más que las jornadas interminables, la falta de sueño y el desgarro, el precio más triste que pagan las mujeres por ese mes de más que trabajan al año»[19].

Igualmente, en lo tocante al padre, las teorías psicoanalíticas se despachan a gusto sobre hijas y madres luchando encarnizadamente por conseguir ser las reinas en el corazón del macho de la casa. Así, la madre trataría de denigrar al padre para conseguir tener dos aliados. Dividir para reinar. Separar para vencer. O algo así. Una hipótesis que, a priori, resulta la mar de descabellada, pero que, sin embargo, está presente en alguno de los testimonios recogidos.

[18] Lagarde y de los Ríos, M., *Para mis socias de la vida*, cit.

[19] Hochschild, A. R. y Machung, A., *La doble jornada. Familias trabajadoras y la revolución en el hogar*, Capitán Swing Libros, 2021.

De pequeña, con cinco o seis años, sentía que había una especie de rivalidad entre mi madre y yo en relación a mi padre. Hasta esa edad, mi padre siempre estaba conmigo. Era la niña de sus ojos y parecía que a mi madre le molestaba. Y a mí eso me hacía sentir mal, como si hubiera algo raro ahí.

Rosa, 48 años, sin hijos, tres hermanas y un hermano. Madre fallecida.

Mi madre estableció muy rápido dos bandos y a mí me puso en el suyo. Crecí estando enemistada con mi padre sin saber muy bien por qué. Por motivos que probablemente habría compartido. O quizá no. También es cierto que él tampoco hizo nada por cambiar la situación. Fue el paradigma del padre ausente. Pero siempre me sentí como una pieza de ajedrez en una partida que no era la mía. Como estar en medio del tablero del Risk.

Alejandra, 48 años, sin hijos, tres hermanas.

También Esther Tusquets en su *Carta a la madre*, que tiene algo de ajuste de cuentas, describe un recuerdo similar:

> ¿Eres consciente de que durante toda mi vida te he visto desvalorizar de modo sistemático cualquier cosa que fuera de mi padre, que hiciera él, que se relacionara con él —tan obstinada en menospreciarle como él en a ti mitificarte—, y de que lo has llevado a cabo con un encono creciente, a medida que el paso de los años te hacía más dura, más frustrada, más amarga?[20].

[20] Freixas, L. (ed.), *op. cit.*

Sea como fuere, parece que, en muchos casos, la relación con el padre mejora considerablemente con el paso del tiempo hasta convertirse en una agradable complicidad.

> Con mi padre, las cosas, en general, son más sencillas. Me dice lo que piensa, sin darle muchas vueltas. Y me trata como una adulta. Si intenta ayudarme, no lo hace como mi madre, atosigándome, sino desde otro lado. Mi padre es una persona muy positiva, muy disfrutona, que tiende siempre a ver el vaso medio lleno y que sabe poner límites sin resultar agresivo. También tiene una mirada más objetiva. Es verdad que es negacionista ante el dolor. Es muy difícil hablar con él de sentires o de tristezas. Su respuesta siempre será restarle importancia o decir que no pasa nada. Y a veces tengo que hacer pedagogía con él para que no invalide las emociones ajenas. Pero, en general, la relación con él es menos complicada, menos intensa y, por lo tanto, bastante menos agotadora.
>
> Bruna, 36 años, sin hijos, una hermana.

> Empecé a llevarme fenomenal con mi padre a partir de los diecinueve o veinte, una vez superada la adolescencia, porque mi padre era muy conservador y tenía esos dejes de que había que llegar pronto o de cuestionar cómo iba vestida. Pero siempre escuchaba. Estuviéramos más o menos de acuerdo, siempre podíamos tener una conversación. Con mi madre, no. Pensándolo ahora es curioso que la relación con mi padre fue a mejor cuando me convertí en adulta, mientras que con mi madre se empezó a pervertir. También creo que parte de esa mala relación me venía de reconocer en mí rasgos de mi madre que no me gustaban nada. Y eso me enfadaba muchísimo.
>
> Manuela, 46 años, sin hijos, un hermano. Madre fallecida.

> Mi madre es generosa, sí, pero desde su propia voz. Mi padre, sin embargo, lo es desde la escucha. Él puede verme. Mi madre, no. Ella es generosa desde lo que ella considera que tiene que darme. Mi padre, desde lo que necesito. En la adolescencia yo chocaba más con mi padre. Con mi madre tenía una relación casi de complicidad. Pero ahora, las tornas han cambiado. Siento que con mi padre puedo ser persona, que se me permite ser adulta. La faena con mi madre es no poder dejar de ser hija.
>
> Gabriela, 44 años, un hijo, un hermano.

Lo que parece suceder finalmente es que, en estos casos relatados y en otros tantos, la relación con el padre no tiene el peso histórico del vínculo materno, cuyas raíces se hunden en la noche de los tiempos. Es una unión más nueva; para algunas, casi a estrenar. Un nexo en el que cada cual decide quién quiere ser y así se presenta frente al otro. Dos adultos intentando conectar como tales. Sin reproches acumulados, sin trasteros a reventar, sin prejuicios y sin códigos obsoletos. Es más fácil. Seguro. Cabría preguntarse si también más injusto. O, probablemente, menos equitativo…

En cualquier caso, la fórmula para este complicado equilibrio la vuelve a dar De Beauvoir que, por si no ha quedado claro, no tenía especial simpatía por la figura materna: «La madre necesita una rara mezcla de generosidad y distanciamiento para encontrar en la vida de sus hijos un enriquecimiento sin convertirse en tirana ni transformarlos en verdugos»[21]. Entre el despotismo y la victimización está la clave.

[21] De Beauvoir, S., *op. cit.*, 2001.

LA TRAMPA (1)

Cada diez años, *Sight & Sound*, la revista mensual de cine publicada por el British Film Institute, publica su lista de mejores películas de la historia. Desde que empezara, en 1952, la clasificación ha sido encabezada por Vittorio de Sica, Alfred Hitchcock y, repetidamente y por supuesto, por un indestronable Orson Welles. Conviene destacar que en todos estos años, entre las diez primeras escogidas nunca ha habido ninguna dirigida por una mujer. Hasta ahora, el asunto se movía entre Chaplin, Renoir, Dreyer, Fellini, Antonioni, Bergman, Mizoguchi, Kurosawa, Ford, Coppola, Murnau y demás nombres incontestables del cine.

En diciembre de 2022, el *top ten* no solo incluía a dos mujeres, sino que una de ellas era considerada responsable de la mejor película de la historia del cine. Se trataba de Chantal Akerman, directora de *Jeanne Dielman, 23 quai du Commerce, 1080 Bruxelles*, una película del año 1975 que durante 201 minutos narra tres días en la vida de un ama de casa. La otra, en el puesto séptimo, era *Beau travail* (Claire Denis, 1999), una brillantísima reflexión sobre ciertas masculinidades.

Por supuesto que haber derrocado a Hitchcock[1] para meter a una tal Akerman, una directora desconocida para el gran público hasta ese momento, con una película de semejante

[1] Ganador en la clasificación de 2012 con *Vértigo*, 1958.

metraje sobre las cotidianas cuitas domésticas de una mujer, levantó una oleada de señores críticos desgañitándose. El gran argumento para dicha indignación era que el filme era aburrido. No contaba nada. Claro, la película —con un diálogo que, a pesar de sus tres horas y cuarto, cabe en un par de folios— habla de asuntos de mujeres corrientes. Y eso, como todo el mundo sabe, no le interesa a nadie. En una de las secuencias más habladas del filme, Jeanne Dielman, la protagonista (interpretada por la siempre perfecta Delphine Seyrig), respondiendo a la curiosidad de su hijo, le narra a este cuál ha sido su vida. La voz profunda de Seyrig sintetiza su completa existencia en unos minutos, sin darle mucha importancia, casi en un estado hipnótico, el de una mujer que se ha visto llevada por las circunstancias, de un lado para otro, sin poder decidir o elegir. Otra vez, los demás decretando y opinando. En medio de ese discurso átono y desapegado, dice: «No sabía si quería casarme, pero era lo que la gente hacía. Eso era lo que había que hacer». En un par de frases exentas de toda épica, esa que parece reservada a los relatos de hombres, Akerman acababa de resumir para la posteridad el drama de aquellas mujeres. Un drama cuyos ecos resuenan fuerte en la historia de nuestras propias madres. Porque el personaje de Seyrig solo «quería tener un hogar y un hijo». Lo demás parecía venir en un paquete innegociable. Ante la exposición de su madre, el hijo (Jan Decorte) asegura: «Si yo fuera mujer, no podría acostarme con alguien a quien no amara». La madre, sin pestañear ni cambiar el tono, contesta: «No lo sabes. No eres una mujer». En esta réplica tan escueta, tan desnuda, tan lógica se halla gran parte de la médula del problema.

Salvando las distancias y por mucho que seamos conocedoras y sufridoras de todo lo que encierra esta lacónica declaración, también nosotras sentenciamos comportamientos y actitudes de nuestras madres desde nuestra posición actual de hijas. Una posición instalada en un momento en el que la salud mental empieza a ocupar un espacio, en el que el diálogo emocional tiene un peso específico en la construcción de las relaciones y un momento en el que, en fin y por fin, se han conseguido ciertos avances feministas. Y ahí está la gran trampa: en juzgarlas desde nuestro presente. Incapaces de entender o de ponernos en el lugar de, en este caso, *la otra*. Aplicando ese presentismo, estamos pecando ligeramente lo mismo que el hijo de Jeanne Dielman: trasladar nuestro contexto, nuestras vivencias y, ¿por qué no?, esas pequeñas victorias cosechadas para, con todo ello, opinar sobre una realidad que no podemos llegar ni a atisbar. Al menos, no del todo.

Una suerte de ángulo muerto que es donde, en realidad, tantas veces sucede casi todo. Accidentes incluidos. Insertas en nuestro carril, incapaces de mirar los márgenes, se hace complicado entender lo que ha sido, es y será. Y de esa ceguera de pasado se deriva, en muchas ocasiones, la trivialidad en el reparto de etiquetas tan manidas como la de «madre tóxica». Etiquetas engañosas de las que también nosotras hemos hecho uso y abuso sin darnos cuenta de que semejante derroche no hacía sino enterrarnos en el más profundo de los desentendimientos. La generalización por defecto tiene el esperable resultado de hacernos caer muy rápido por la pendiente del ensimismamiento. Con lo que ello implica.

La historiadora Matilde Peinado tiene claro que esa mirada tan pegada a nuestro aquí y a nuestro ahora es la que dinamita cualquier posibilidad de tender puentes:

> Lo analizamos todo desde nuestro presentismo. Y desde ahí, tendemos a juzgar a quienes nos han precedido sin entender cuáles han sido sus contextos y sus limitaciones. Y no vemos

> que, en muchas ocasiones, hicieron auténticos ejercicios de valentía en ambientes realmente adversos. Desde ese presentismo, llegamos a conclusiones injustas, descontextualizadas y que no responden a la realidad. Lo primero que hay que tener en cuenta son los contextos espaciotemporales y para eso hay que saber mucha historia y entender cuál era la realidad en la que ellas vivían, cuál era el imaginario y las posibilidades que existían en ese momento. Porque una cosa son las aspiraciones y otra las ocasiones reales que tenían las mujeres. En un pueblo, las oportunidades se reducían a cero. ¿Se podía viajar siendo mujer? ¿Se podía estudiar siendo mujer? ¿Servía de algo ir al instituto? ¿Mejoraban sus condiciones de vida? No olvidemos que hasta 1910 ni siquiera fue legal que las mujeres estudiaran en la universidad. La posibilidad real de cambio social en España se dio a partir de los años sesenta, setenta. Desde nuestra perspectiva, los ejercicios de jerarquización social, por mucho que sigan sucediendo, nos chirrían porque estamos en una sociedad democrática donde supuestamente todos tenemos los mismos derechos. Pero en cuanto seamos conscientes de que estamos reflexionando desde el presentismo, la reconciliación fluirá con nuestras madres. Es la única manera.

Esta suerte de desvanecimiento de la mujer en pos de la madre nos ha afectado, probablemente más de lo que creemos, en nuestra visión de nuestras progenitoras (no queremos mujeres con problemas, soñamos con madres intachables) y en la relación que ellas y nosotras hemos conseguido construir. Y en este proceso de difumine anclado en algo tan absurdo y tan antiguo como creer que no se pueden ser las dos cosas a la vez o, al menos, no de manera aceptable, podríamos distinguir, como si de un perverso experimento sociológico se tratara, cuatro etapas: la obligación, el olvido, la soledad y el enfado. Una especie de sinfonía de autoborrado en cuatro tiempos.

La obligación

También en el año 1975, la pionera Agnès Varda estrenaba su corto *Réponse de femmes: Notre corps, notre sexe*. En ocho minutos y mirando a cámara, un grupo de mujeres se encargaba de dinamitar todos los tópicos sobre la feminidad, la maternidad, los cuerpos de las mujeres, la juventud… Ocho minutos que dejan patente que, a pesar del casi medio siglo transcurrido, las reivindicaciones siguen siendo las mismas y las barbaridades a desmontar continúan, como los miembros de algunos santos, tristemente incorruptas. En lo referente a la maternidad se dice: «Una mujer que nunca ha conocido la maternidad no es una mujer de verdad. ¡Venga ya! ¿Un hombre que no ha conocido la paternidad es menos hombre?». Por mucho que haya cambiado el panorama (y aquí igual el mucho no es tanto como debería), hubo un momento en que la posibilidad de no ser madre simplemente no existía. Como hemos visto en anteriores capítulos, la obligatoriedad de traer hijos al mundo era algo consensuado por los poderes fácticos. El destino no solo esperable, sino también soñado, de toda mujer de bien. Complicada posición para las que, en un acto de rebelión imperdonable, decidieron no entrar a formar parte del batallón de madres. En demasiadas ocasiones, la circunstancia de poder tener hijos ha sido convertida en una tiránica ley biológica que hacía y sigue haciendo de las no madres unos especímenes defectuosos. «Cuando el embarazo y el parto representan el arquetipo de la normalidad y el viaje de la vida, y la maternidad se considera la relación humana principal y suprema, tener hijos puede darse por sentado»[2].

> Creo que mi madre no eligió tener hijos. Es cero niñera. No le molan mucho los niños. A fecha de hoy, no es la típica abuela. Mi madre trabajó hasta que conoció a mi padre. Ahí lo dejó. Mi padre no le dejó trabajar, no le parecía bien que lo hiciera pudiendo no hacerlo, pero mi madre podía haberse plantado y nunca lo hizo.
>
> Sol, 40 años, una hija, una hermana y un hermano.

Se nos enseña, desde muy pequeñas, que ser mujer es sinónimo de cuidar y se nos olvida con demasiada frecuencia que, como bien recuerda Donath, «ninguna mujer nace madre; que las mujeres sean las portadoras de la descendencia humana puede ser un hecho, pero eso no obliga a las mujeres a entregarse al cuidado, protección, educación y responsabilidad que exige dicha relación»[3].

Esta obligación suponía, según De Beauvoir, no solo una absoluta pérdida de libertad, sino también un proceso en el que la madre es devorada por su propio hijo. Y, como todo mandato, este deber vital viene con un extenso manual de instrucciones que indica a las futuras madres cómo será su parto, cómo se desarrollará su instinto maternal o cómo se relacionará con el infante una vez este haya aterrizado en el

[2] Donath, O., *op. cit.* Así las cosas, imposible plantear la más mínima posibilidad de arrepentimiento en la maternidad. En el precioso e imprescindible *#madres arrepentidas*, Donath describe lo desgarrador que resulta que la maternidad esté excluida no ya «de la experiencia humana de arrepentimiento, sino también de la experiencia humana de trauma». Madres que no solo han tenido que salir adelante haciendo equilibrios, sino que lo han hecho sin poder reconocerse a sí mismas ni a los demás esa pesadumbre por no haber podido elegir.

[3] Donath, O., *op. cit.*

mundo. Cómo vivirán, sentirán y pensarán a partir de ese momento para ser buenas madres. Independientemente de cualquier contexto histórico o personal. Como si esas mujeres en lugar de individuas diferenciadas fueran receptáculos uniformes de vida. En caso de no cumplir esa normativa, en muchas ocasiones dictada por una caterva de pseudocientíficos y naftalínicos manuales de psicoanálisis, caerán en el punitivo abismo de la «mala madre».

> Hemos crecido con una absoluta falta de opciones de cómo podía ser una madre. El abanico no estaba, ni está, apenas abierto. Solamente se da por buena la madre abnegada que apoya a sus hijos incondicionalmente. Que no haya más posibilidades nos impide tener en cuenta que puede haber muchas razones para que ese ideal no se dé. En mi caso, hasta que no tomé distancia y empecé a tener mis propias experiencias vitales, fui incapaz de verlo claro y entenderlo.
>
> Rosa, 48 años, sin hijos, tres hermanas y un hermano. Madre fallecida.

Mientras que «el amor de los padres (hombres) es bien acogido y apreciado, y en general suele valorarse como una ventaja añadida a su característica primordial, la de sostén económico de la familia»[4]; en las madres, este amor es el mínimo punto de partida de todo lo demás. En *La doble jornada. Familias trabajadoras y la revolución en el hogar*, Hochschild y Machung cuentan un experimento bastante ilustrativo:

> Cuando pedía a los padres más despegados que definieran lo que era una «buena madre» y un «buen padre», solían darme

[4] Donath, O., *op. cit.*

respuestas largas y detalladas para lo primero y breves y vagas para lo segundo, a veces asociadas a tareas concretas como enseñar a un niño sobre coches, fútbol o béisbol. Pregunté a un hombre: «¿Qué es una buena madre?» y me respondió: «Una buena madre es paciente. Esto es lo primero. Una persona cariñosa, atenta, capaz de ver lo que necesita el niño físicamente, que le estimule intelectualmente y le ayude a superar sus obstáculos emocionales». «¿Qué es un buen padre?», pregunté. «Un buen padre es un hombre que pasa tiempo con sus hijos». Otro hombre dijo simplemente: «Un buen padre está presente». No es que estos hombres tengan una idea compleja de la paternidad y no estén a la altura. Es que su idea de la paternidad es embrionaria desde el principio.

Echo de más que los cuidados hayan sido tan matriarcales. Me habría gustado algo un poco más equilibrado, una distribución de poderes en la que todos tuviésemos voz y fuésemos escuchados. En la mentalidad de mi madre ella lo ha hecho todo por mí, pero lo ha hecho desde su visión. No me ha visto como era, ni lo que quería realmente. Echo de menos esa escucha, que me hubiese mirado como persona y no solo como una hija a la que cuidar. Al final ese rol se lo comió todo. No ha habido tiempo juntas. No ha habido charlas. Ha sido un estado dictatorial de los cuidados. Nunca me faltó de nada, en eso ha sido una leona. Pero la parte de construirme como persona no ha estado nada presente.

Gabriela, 44 años, un hijo, un hermano.

Se plantea, pues, un agobiante escenario en el que unas infantilizadas mujeres deben renunciar a cualquier autonomía e independencia por satisfacer un rol social que, en muchas ocasiones, no han elegido o, al menos, no con la suficiente libertad. Quizá de aquí venga esa expectativa de deuda eterna. «Si yo lo he dado todo por ti, no puedo por menos que esperar lo mismo de ti, hijo mío (hija mía, en este caso)».

Todos esos preceptos tan irrealizables acaban desaguando, como era de prever, en el olvido.

El olvido

Volvemos a sacar a Quino a colación para rescatar esa tira en la que Mafalda va recorriendo las estancias de la casa y observa, con cara atónita, la pila de prendas perfectamente planchadas, el salón reluciente y ordenado, los cacharros recién escurridos en el fregadero de la cocina… En la última viñeta aparece su madre lavando la ropa y Mafalda preguntándole: «Mamá, ¿qué te gustaría ser si vivieras?».

> Tengo la sensación de que la figura de la madre nunca me dejó ver la mujer que había detrás. Pero también creo que ella no se construyó como mujer. Y eso me enfadaba un montón. ¡Yo quería hablar con otra mujer, no con mi madre! Pero es que no se forjó otro perfil que no fuera el de madre. De hecho, hizo lo mismo con mis sobrinos: criarlos y volver a ese papel maternal. Porque eso es lo que sabía hacer. Era su identidad. O eso creía ella. Porque mi madre era superlista. Si no hizo más cosas fue porque no quiso. A mí me daba mucha ternura y al mismo tiempo mucha pena cuando me contaba lo feliz que había sido cuando mi padre le pidió que se casaran o cuando se quedó embarazada. Le habían vendido que la felicidad era exclusivamente eso.
>
> Manuela, 46 años, sin hijos, un hermano. Madre fallecida.

> Mi madre siempre ha sido una persona brillante. Creo que el hecho de abandonarlo todo para dedicarse exclusivamente a la familia le ha pasado factura. Por un lado, porque tampoco salió especialmente bien; y por otro, porque creo que dejó de hacer muchas cosas para las que estaba más que dotada. Ahora, con el paso del tiempo y sin tener que ejercer ya los cuidados intensivos que nos prodigaba, se ha encontrado con una existencia sin mucho contenido. A mí me da mucha pena porque creo sinceramente que había y hay ahí muchas capacidades desperdiciadas.
>
> Alejandra, 48 años, sin hijos, tres hermanas.

> Creo que el hecho de que mi madre esté atravesando ahora el peor momento de su vida se debe a que en otras épocas ha tenido claro quién era ella misma, no ella en referencia a los demás. En estos últimos diez años, desde que se ha jubilado, es como si ella solo se construyera a través de la mirada de los demás. No tiene que ir a trabajar y ser una profesional superestresada. Sus hijas ya no viven en casa y no tiene que ser madre cuidadora de niñas pequeñas. Entonces, de repente, nada le llena. Mi madre es muy cuidadora y como ha ejercido tanto y tan bien esos cuidados durante tanto tiempo, le cuesta salir de ahí. Mi padre, sin embargo, tiene muchos hobbies y está encantado con su jubilación.
>
> Bruna, 36 años, sin hijos, una hermana.

Esto que comenta Bruna es lo que algunos sociólogos han dado en llamar «la brecha de ocio». Una diferencia que, como la brecha salarial, se ceba particularmente en las mujeres y que es, básicamente, el resultado de la carga mental y la doble jornada. La ecuación es sencilla: no se ha cultivado ningún hobby porque no se ha tenido tiempo para hacerlo.

Madres borrando con celo cualquier huella de su existencia como mujeres. Que no quede ni rastro de lo que fueron y de lo que podían haber sido. Había que elegir. No se podía desperdiciar ni un minuto de tiempo, ni un átomo de energía en algo que no fuera responder al mandato divino de ser buena esposa y mejor madre. La consecuencia de ese reiterado descuido fue el relegarse una misma al olvido. El error garrafal e irreparable de construirse en una identidad que no es tal porque uno, tiene fecha de caducidad, y dos, se sostiene a través del otro.

> Las madres se acaban. Luego hay que establecer vínculos entre adultos, no entre madres e hijas o padres e hijas. Lo contrario es insostenible.
>
> Manuela, 46 años, sin hijos, un hermano. Madre fallecida.

Un proceso que tiene no poco de autocanibalismo y que Heti describe con dolorosa concisión:

> El problema más propio de la mujer es que no nos hemos dado espacio ni tiempo suficientes, o no se nos conceden. Nos comprimimos en los momentos que nos permitimos o en los que se nos han otorgado. No nos estiramos en el tiempo, lánguidas, sino que, cicateras, nos asignamos minúsculas parcelas de tiempo en las que existir. Dejamos que todo el mundo nos acorrale. Escatimamos espacio y tiempo a nuestro yo. ¿Y tener hijos no conduce a la asignación más cicatera de tiempo y espacio? Tener un hijo soluciona el impulso de no darse nada a una misma. Convierte ese impulso en virtud. Ser la última en comer por abnegación, adaptarse a los espacios más reducidos con la esperanza de recibir amor, es propio de la mujer. Ser virtuosamente cicatera con una

> misma a cambio de amor es algo que se consigue con rapidez teniendo hijos[5].

Esa falta de generosidad con una misma, esa ausencia de autonomía, esa imposibilidad de inventarse una identidad particular son las causantes de gran parte de los obstáculos que acecharon a aquella generación de mujeres y que, actualmente, siguen representando una amenaza para todas nosotras y nuestras hijas. Si seguimos teniendo que responder a estereotipos de género, si seguimos teniendo que cumplir estándares de perfección, si seguimos teniendo que encajar en determinados modelos, si seguimos siendo cuidadoras por defecto, seguimos siendo vulnerables y estando a merced. La política y médica española Carme Valls Llobet encapsula esta realidad con rigor científico:

> La autonomía mental, y por lo tanto la salud mental, empieza por el desarrollo de una identidad propia, que no intente imitar normas o estereotipos de lo que es ser hombre o ser mujer y que no se deje influir por las opiniones que la sociedad tenga sobre estas diferencias; continúa con el desarrollo de una autoestima que se base en el profundo conocimiento de las propias capacidades y de los propios deseos, y que no dependa de la opinión de los demás ni de su aprobación; y se traduce en una trayectoria vital que supera obstáculos porque identifica los riesgos que suponen algunas condiciones de vida y trabajo o algunos problemas biológicos para su salud mental, y precisamente porque los identifica, es capaz de resolverlos sin seguir ningún modelo de perfección, el deseo de ser perfectas a costa de su tiempo, de su deseo y de

[5] Heti, S., *op. cit.*

> su salud es uno de los grandes enemigos de la salud mental de la mujer[6].

La historia de abandono de Lea está íntimamente relacionada con la imposición de tener que elegir entre la mujer y la madre. En el caso de su madre, venció la mujer.

> Mi madre se volvió loca por un hombre. Tal cual. Y nos abandonó. Debo decir que, con el tiempo, la he comprendido. La he entendido como mujer. E incluso he podido perdonarla, si había algo que perdonar. Que sí lo había, claro, porque un dolor tan profundo no se va fácilmente. Pero si pongo toda su historia en contexto —un matrimonio casi obligado, la elección de mi padre absolutamente fallida— empiezo a encajar... Con tal historial, ella conoce a otra persona y decide vivir esa relación por encima de todo, incluso de sus propias hijas. El caso de mi madre es la mujer ganando a la madre. Absolutamente. Y todo el odio y el rechazo que sentí hacia ella, que fueron necesarios y que le comuniqué de manera reiterada en forma de reproches a veces muy crueles, dieron paso al perdón y a la aceptación. Ese perdón llegó al tener yo mis experiencias personales, al ver que yo también flaqueaba en las relaciones y que incluso podía actuar como ella viéndome envuelta en relaciones muy dependientes. Creo que hay un momento en el que tienes que mirar a esa mujer como lo que es: una mujer. Una mujer con sus circunstancias.
>
> Lea, 45 años, sin hijos, dos hermanas.

Trascendiendo este caso particular, la vida real y su reflejo cinematográfico y literario han sido pródigos en historias de

[6] Valls Llobet, C., *op. cit.*

mujeres arrebatadas que abandonaban una maternidad quizá no del todo elegida o que, al menos, sí les impedía vivir otras vidas. E indefectiblemente, en todos los casos, el precio que tenían que pagar era altísimo. Esto, por supuesto, no sucedía con sus homólogos masculinos. No olvidemos que, en España, el delito de adulterio no se derogó definitivamente hasta 1978 y que las penas (cero sorpresa) eran sensiblemente más duras en el caso de las mujeres que en el de los hombres.

La soledad

> No tengo muchos recuerdos de mi padre en mi educación. Era mi madre la que se ocupaba de nosotras. De todo. Yo creo que ella siempre estuvo y se sintió muy sola en ese campo. Recuerdo un detalle en concreto que me llamó tanto la atención en su momento que no he conseguido olvidarlo. Todas las Navidades, mi madre se encargaba de los regalos. Nunca eran objetos de mucho valor económico, pero todos tenían un porqué, un guiño. Algunos incluso los customizaba ella misma. Hubo un año en el que no sé por qué se decidió que todo el mundo regalara a todo el mundo. ¡Los regalos de mi padre para el resto de la familia los compró una compañera suya de trabajo!
>
> Alejandra, 48 años, sin hijos, tres hermanas.

Aquí podríamos distinguir una soledad interna de otra externa. Una especie de soledad doble. Por un lado, están todas esas madres que, por sentirse absolutamente solas o directamente excluidas en y de todos los ámbitos imaginables (laboral, cultural, social, sentimental y familiar) intentaron solventar semejante aislamiento teniendo hijos, apoyándose exageradamente en ellos y haciendo de ese único vínculo su ventana de comunicación con el exterior. Parte de este sentimiento de desamparo pasa porque el cuidado de los hijos, lejos de considerarse un trabajo, se veía más como una especie de pasatiempo ideado a medida de las mujeres. Esto, por mucho que en ocasiones se compatibilizara a duras penas con un trabajo fuera del hogar, reducía y condenaba a la mujer a un ámbito doméstico, en el que su gran compañía eran sus hijos, y en especial, por razones ya vistas, sus hijas. Este menosprecio de los cuidados era sinónimo de una especie de reacción en cadena en la que parecía que nadie quería hacerse cargo, tener tiempo o ganas.

> Con el tiempo, sin que nos diéramos cuenta, el capitalismo estadounidense adoptó el aspecto del empoderamiento y marginó el del afecto y la atención. Por eso, a falta de una reacción, la atención se ha convertido muchas veces en un trabajo de segunda mano. Los hombres se lo pasan a las mujeres. Las mujeres con dinero se lo pasan a las que no lo tienen. Las trabajadoras inmigrantes que cuidan de los niños y ancianos estadounidenses ponen el cuidado de sus niños y ancianos en manos de cuidadoras remuneradas y de sus abuelas y tías en Filipinas, Sri Lanka, México y otros países del hemisferio sur. Y esas cuidadoras filipinas, esrilanquesas o mexicanas que están al final de esta cadena pasan el cuidado de los niños a sus hijas mayores. El gran reto que nos aguarda en los próximos años [...] es el de valorar y compartir el cuidado de los seres queridos[7].

Una trampa que va muy unida a la demanda de irreprochabilidad que planea sobre toda madre que se precie. «Lamen-

[7] Hochschild, A. R. y Machung, A., *op. cit.*

tablemente, competir por el primer Premio a la Mejor Madre del Año solo intensificó mi soledad»[8].

Esta soledad se hace especialmente patente en casos de trauma severo. Según Fernández Peinó:

> Si un padre ha abusado de su hija, es posible que cuando esa hija vaya a terapia tenga más rabia contra la madre que contra el padre. Quizás a él le tenga miedo, puede que rabia… Un sinfín de emociones. Pero es común la sensación de abandono, de ser invisible o de sentirse traicionada hacia la madre. Esto nuevamente tiene que ver con los vínculos de apego. Si el apego es un sistema defensivo, la desconfianza o la traición hacen que no te puedas fiar y que por lo tanto te sientas en peligro. El trauma de traición es algo que genera muchísimo daño. Los mamíferos no soportamos que alguien nos haga daño y que la persona a nuestro cargo lo vea y no haga nada. Desde ahí se generan muchas sensaciones de odio. Por mucho que haya alguien que haya generado un daño objetivamente mayor, la negligencia de permanecer impasible y no solucionar ese daño es también traumática.

A todo esto, se une el juicio social que, por supuesto y como siempre, va a posar su inquisitiva mirada sobre la madre y no sobre el padre. En palabras de Retamozo:

> Cuando se escuchan en los medios casos de abuso infantil, la primera pregunta siempre es: «¿Y cómo permitía esto la madre?». Todo está centrado en ella. Y eso también está en

[8] Lazarre, J., *El nudo materno*, Las afueras, 2018.

la psique de la madre. Para muchas es muy difícil asumir que esos abusos han existido o que su hija tiene un trastorno de conducta alimentaria, por ejemplo, porque sienten que la culpa de que eso suceda es suya, que no son buenas madres. En ocasiones, eso impide que pidan ayuda cuando la necesitan porque saben que, aparte del problema, se van a tener que enfrentar al estigma social. Entonces es muy fácil que nuestra psique elija alejarse de esa situación. También sucede que, cuando hay un proceso de violencia, hay una víctima principal, en este caso una niña, pero también hay una víctima secundaria que puede ser la madre. Juzgarla a la ligera como cómplice es terrible. Lo único que se consigue con este tipo de declaraciones, que hacemos sin saber, es que nuestras adolescentes integren esa misoginia y ese código contra las madres socialmente extendido.

Este encontrarse sola ante el peligro se acompaña de otro aislamiento más estructural. El de la ausencia de políticas reales que favorezcan la corresponsabilidad y la coeducación. Para Retamozo el gran reto de la maternidad pasa porque deje de «ser una cuestión individual en la que la madre sienta que le están diciendo: "ahí te quedas, apáñatelas como puedas". Es la sociedad la que gana cuando hay criaturas, así que no se puede luego no apostar por medidas de conciliación o poco menos que hacer sentir culpables a las mujeres por acogerse a dichas medidas». Un funcionamiento que parece ser consuetudinario a nuestro sistema. «El avance del capitalismo es indisociable de la destrucción de las estructuras de apoyo mutuo y reciprocidad típicas de las sociedades tradicionales»[9].

[9] Del Olmo, C., *¿Dónde está mi tribu?*, Clave Intelectual, 2019.

Fernández Peinó ratifica las consecuencias de esta soledad:

> Los tres primeros años de maternaje son durísimos y generan muchísimo estrés en las madres. Si la madre se encuentra absolutamente desbordada, puede llegar a desconectarse, deprimirse, y esto los bebés y niños pueden sentirlo, por ejemplo, como rechazo. Ellos son capaces de percibir sensaciones, pero no pueden razonar el porqué por lo inmaduro que está en ese momento el córtex prefrontal. Como son autorreferenciales, suelen hacer atribuciones en la infancia que tienen que ver con ellos mismos: no me quieren, no soy válida, no soy digna de amor, soy una vergüenza, estoy sola. Cuando llega la edad adulta todo eso aflora en forma de baja autoestima o en problemas en los vínculos de pareja, en las amistades…

En esta línea, Olza pone el foco, más que en la corresponsabilidad, en una sociedad que al completo no parece estar muy dispuesta a colaborar en que la maternidad sea una actividad menos solitaria:

> El papel del padre es superimportante, pero en un modelo de familia tradicional no es lo mismo ser madre que ser padre. Creo que la crianza debería ser mucho más comunitaria. Por supuesto compartida en pareja, pero es importante visibilizar que cuando la madre está puérpera o tiene un bebé necesita la implicación de la comunidad. Necesita un montón de gente que le eche una mano y que se vincule con el bebé. Antes existía la familia extensa, pero ahora casi nadie la tiene. Tías, abuelas, vecinas, abuelos… El modelo de madre, padre y bebé solos y aislados en un piso en una gran ciudad hace aguas por todos lados, por mucho que los padres se pongan las pilas y se impliquen. Lo importante

es que la figura de apego principal, la madre en este momento inicial, esté bien sostenida y eso es imposible si se encuentra sola y desbordada.

Es la tribu de la que habla Del Olmo:

> Antiguamente había una estructura de apoyo y crianza que hacía que criar no fuera tan exigente. La primatóloga Sarah Blaffer Hrdy afirmó que estudiar el comportamiento materno de los primates en cautividad era inútil: las conclusiones extraídas de ahí eran falsas y absurdas. Ella sostenía que si se encierra a una rata con sus crías en una jaula se comporta como un ama de casa neurótica de los años cincuenta, pero si se las observa en libertad, se verán unas relaciones totalmente distintas, como sucede con las primates, cuyas crías a menudo pasan de mano en mano. Y esto no es solo importante para el bienestar de la madre, también es básico para el hijo ver a la madre en otros roles y tener más figuras de referentes adultos. Poner todo el peso en una sola figura es terrible.

Domínguez Folgueras puntualiza que en esto, como en todo, hay cierto sesgo de clase:

> Es cierto que las familias se han ido reduciendo. Los datos del censo lo muestran: los hogares son cada vez más pequeños y todo esto está relacionado con el crecimiento de las ciudades, con decisiones de urbanismo, con migraciones del campo a la ciudad… Pero, por ejemplo, en comunidades más pequeñas, el cuidado de los hijos sigue estando mucho más repartido. También en clases sociales con menos recursos, se hace mucha más vida de barrio, hay más redes sociales a nivel vecinal y esta tribu sí existe o resiste de manera más natural.

El enfado

Las mujeres no se enfadan. Ni podemos ni debemos. La ira nos resta encanto, nos sustrae atractivo, nos rebaja magia. La agresividad no es femenina. No está culturalmente bien visto que una mujer lo sea.

Este tácito impedimento de manifestar nuestra rabia lleva implícita una sumisión que puede desembocar en una depresión. «Esta exigencia de infantilismo es tan fuerte que hasta la dulzura tiene un gran contenido de infantilismo en las mujeres. El lenguaje infantilizado —sobre todo cuando hablamos a las criaturas pequeñitas— se utiliza para mostrar que no somos poderosas porque el tabú impuesto a las mujeres es la madurez. Ser maduras es una prohibición a las mujeres»[10]. Niñas mujeres. Niñas madres. Niñas hijas. Niñas para siempre.

Si, a fecha de hoy, nos cuesta mostrar nuestro enojo siendo tachadas de histéricas en cuanto asoma, en la época de nuestras madres probablemente un enarcar de cejas o una palabra más alta que otra ya era un desacato al manual de «ángel del hogar»[11]. Algo poderosamente injusto si tenemos en cuenta que las madres suelen ser las «principales encargadas de la vida en casa, se convierten en las "sargentos", las responsables del "tiempo y movimiento" en la aceleración de la familia y el trabajo. Son las que apuran a los niños en sus rutinas diarias —"date prisa y come…", "date prisa y ponte el pijama…"— y, por tanto, suelen convertirse en blancos de la agresividad

[10] Lagarde y de los Ríos, M., *Claves feministas para la autoestima de las mujeres*, cit.

[11] «En la imagen maternal ideal, modelo que se haría extensivo a todas las mujeres en general, es necesaria la supresión de todo rasgo de egoísmo, de erotismo y de hostilidad, las madres, además, no deben dejar transparentar sus ansiedades, necesidades y conflictos, y deben cancelar todos los sentimientos negativos y los síntomas de sufrimiento; tienen la obligación de ser autosuficientes, serenas, felices y perfectas (omnipotentes)». González de Chávez Fernández, M. A., *op. cit.*

de los niños»[12]. A esto unámosle que, hace cincuenta años, las mujeres no se quejaban o lo hacían más bien poco. Una bomba de relojería que, en algún momento y por algún lado, tiene que explotar.

> Llegó un momento en el que mi madre dijo que estaba harta y que iba a decir lo que quisiera y como quisiera. Estoy convencida de que gran parte de todo ese cabreo viene de que ellas, en el fondo, sienten que les tomaron el pelo. No debe ser fácil, cuando llegas a una edad, darte cuenta de que no has sabido qué hacer con tu vida porque te han dicho que gran parte de tu identidad era ser madre. También creo que hay un choque cultural. Estamos hablando de una generación que, en muchas ocasiones, no tuvo oportunidad de cursar estudios o al menos de acabarlos. Cuando me fui haciendo mayor, empecé a echar de menos otro tipo de conversaciones con mi madre que no fueran la ropa, el pintalabios, los zapatos… Y eso a ella le molestaba. Ella tiraba de la cuerda hacia su lado y yo la intentaba cortar.
>
> Manuela, 46 años, sin hijos, un hermano. Madre fallecida.

> Mi madre está enfadadísima. Vive cabreada. También con nosotras… Yo creo que siente que, en realidad, no ha hecho lo que quería. Y, de manera totalmente inconsciente, nos culpa a nosotras, o más bien nos convierte en responsables de su situación. Así, por un lado, no tiene que responsabilizarse de sí misma. Y por otro, espera que nosotras le resolvamos la papeleta y tomemos las decisiones que ella no se atreve a tomar. Eso sí, a la hora de la verdad, tira por tierra cualquier ayuda. Al final, resulta muy difícil escapar de esa dinámica

[12] Hochschild, A. R. y Machung, A., *op. cit.*

y no sentirse culpable o estar pendiente todo el rato. Creo que es una manera de tenernos retenidas, aunque no lo haga aposta.

Alejandra, 48 años, sin hijos, tres hermanas.

Puedo entender el enfado de mi madre, ese estar hasta las narices de todo. Hay situaciones que yo no habría tolerado. Por ejemplo, mi padre salía de trabajar a las ocho de la tarde y hasta las nueve no subía porque estaba en el bar con una tapa y una cerveza. Cuando subía, mi madre, por supuesto, tenía la cena preparada.

Sol, 40 años, una hija, una hermana y un hermano.

Mi madre ha sido una olla a presión en las últimas décadas. Se ha callado muchísimo porque le parecía que no era de buena esposa, de buena cuñada, de buena nuera o de buena madre decir según qué cosas. Puede que ni siquiera se haya permitido pensarlas. Creo que cuando le venían esos pensamientos los dispersaba con otros temas y ahora es el momento en el que están estallando. A lo mejor hay asuntos que querría comunicar de forma tranquila, pero no sabe porque nunca ha puesto límites. Siempre se ha colocado en el último lugar y en este momento vital suyo en el que quiere darse su lugar, no sabe gestionarlo de una manera sana y constructiva ni para ella, ni para los demás.

Bruna, 36 años, sin hijos, una hermana.

Esta olla a presión a la que se refiere Bruna tiene, según González de Chávez, un origen claramente psicológico y no es otro que el temor a que la ira emerja «violentamente, como la lava de un volcán, devastándolo todo. Tales angustias son frecuentes en aquellas mujeres, las supermadres con características obsesivas, que no pueden permitirse la menor protesta u hostilidad»[13]. Esa extendida consideración de que el enojo no es propio de las mujeres desemboca en un constante reprimirse cuyas consecuencias son especialmente complicadas para nosotras, las hijas. «La prohibición de la asertividad y de la expresión de desacuerdos o de sus necesidades lleva a la utilización, por parte de las madres, de métodos indirectos para obtener lo que desean, y de entre ellos, el más frecuentemente adoptado es el de la culpabilización, a través de los cuales las madres intentarían mantener su (único) poder: el control de los hijos, y en modos especial el de las hijas»[14]. ¡Bingo! Se acaba de cerrar el círculo. Al menos uno de ellos.

De repente, es como si nuestras madres hubieran tomado conciencia. Y toda esa rabia contenida e interiorizada hubiera salido a borbotones y lo hubiera hecho contra ellas mismas, contra sus hijos y, especialmente y de nuevo, contra nosotras, las hijas. En palabras de Simone de Beauvoir:

> A esta recién llegada, se le abren posibilidades indefinidas, al contrario de la repetición y la rutina que tuvieron sus mayores; la madre envidia y detesta estas oportunidades; al no poder hacerlas suyas, trata de rebajarlas, de suprimirlas; mantiene a la hija en casa, la vigila, la tiraniza, la lleva hecha un adefesio, le niega cualquier diversión, le dan ataques furiosos de ira si la adolescente se maquilla, si «sale»; todo su rencor hacia la vida, lo vuelve contra esta joven vida que se lanza hacia un futuro nuevo; trata de humillar a la muchacha, pone en ridículo sus iniciativas, la trata mal[15].

[13] González de Chávez Fernández, M. A., *op. cit.*
[14] González de Chávez Fernández, M. A., *op. cit.*
[15] De Beauvoir, S., *op. cit.*, 2001.

Independientemente de la posible exageración sobre ciertos asuntos (¡llevarla hecha un adefesio!) sí puede subyacer una cierta irritación por sentirse estafadas al ver que sus hijas, llamadas a ser sus dobles, pueden elegir.

«Incapaz de obtener lo que esperaba de la vida, lo que pensaba que le hacía falta, lo que sentía que le era debido, mi madre desapareció bajo un manto de infelicidad»[16].

Comparando su maternidad con la de las madres que aparecen en este libro, Del Olmo arroja la siguiente reflexión:

> Obviamente es una generación que se ha sentido engañada, lo cual genera una serie de tensiones entre madre e hija. Seguro que mis hijos me ven perder los papeles o se sienten solos porque no estoy, pero no creo que nunca se consideren el impedimento que me ha frenado para construirme de otra manera. Sin embargo, estas madres vivieron por fuerza a sus hijos como un obstáculo aunque ni ellas mismas se lo reconozcan. Pero es que el hijo no era el obstáculo, lo era la fallidísima estructura social. Estamos hablando de una generación que ni se planteó la posibilidad de otro horizonte.

Un choque generacional que puede abrir brechas irreparables y que es terreno fértil para esa hipercrítica desde nuestro yo presente. Fernández Peinó pone especial énfasis en esa necesidad de esquivar a toda costa este enjuiciamiento: «Hay que evitar el juicio porque es precisamente lo que haría una madre narcisista y porque no es sano. Necesitamos llevar a las personas y sus cuerpos a estados de calma y seguridad. Juzgar a las madres solo nos deja conectadas con el dolor y la rabia, eso no es calma. Eso nos señala que algo no está

[16] Gornick, V., *op. cit.*

solucionado neurológicamente. Quedarse dando vueltas en la rabia es un circuito de cortisol que no acaba y que nunca va a ser solución a nada». Deberíamos entender que, como bien dice Fernández Peinó, «son madres supervivientes en un entorno social enfermo». Ahora la responsabilidad, como recuerda la psicóloga, es nuestra y nuestro el trabajo: «Somos la generación con la obligación de sanar las heridas que la gente de atrás no pudo solucionar, por nuestro propio bienestar».

Se impone que rompamos con el relato de la madre tóxica, que huyamos con urgencia de la trampa del presentismo y que dejemos de participar de la caza de brujas. Lo cual, por supuesto, no excluye el dolor. Sentirlo y expresarlo. Por uno y otro lado.

LA TRAMPA (2)

Entre tú y yo, yo respeto a mi madre, pero hago lo que quiero.

Esta sentencia tan aparentemente obvia e intrascendente —pronunciada por Dick Van Dyke en *Bye Bye Birdie* (1963, George Sidney), una comedia musical que parodia aquellas películas a mayor gloria de Elvis Presley— podría contener el secreto de cómo relacionarse con una madre a partir de una determinada edad.

Igual que hemos caído una y otra vez en la trampa de la *madre tóxica* parece ocurrir lo mismo con la de la *mala hija*. Una hija horrible y terrorífica que una y otra vez decepciona, traiciona, defrauda, no cumple con las sacrosantas expectativas, etc. La cuestión es que aquí la trampa es bidireccional. La «mala hija» es percibida así socialmente, incluso por su propia madre; pero esa percepción la tiene también la hija de sí misma. De ahí se deriva la congoja milagrosamente retroalimentada de no saber, no poder o no llegar a satisfacer a una madre tan difícil de colmar. Esa tortura de sentirse juzgadas constantemente y de debatirse entre lo que se espera de una y lo que una quiere. Parte del problema es que este último aspecto (el de nuestros deseos) está francamente desdibujado en pos, sí, otra vez, de un constructo social de lo que debe ser la «buena hija».

Como ya hemos visto la clave, o al menos una de ellas y quizá la más importante, para zafarse de este pegajoso cepo de la «hija modelo» radique en esa diferenciación que tanto parece costarnos. Asumir que nuestra vida es nuestra con o sin herencias y la de nuestra madre, suya, con o sin carencias. Hacernos responsables cada cual de lo suyo[1]. Un proceso que, en realidad, debería iniciarse en fases bien tempranas. Muestra de ello es *Coraline* (2009, Henry Selick), una película de animación que narra —en clave profundamente lacaniana— esos primeros intentos de crearse una identidad. Así, la niña protagonista, Coraline, se moverá entre dos planos de realidad. En uno estarán sus dos padres *reales* y en el otro (un universo atrayente y perfecto al principio, pesadillesco al final) figurarán el otro padre y la otra madre. Progenitores que, en apariencia, cumplirán con las expectativas de Coraline. Todo lo que ella espera de unos padres (siempre tienen tiempo para jugar y ensuciarse, van perfectamente vestidos, preparan comidas ricas, tienen inquietudes artísticas) está al otro lado del espejo. En realidad, nada será lo que parece y esa madre, la otra, la ideal, la ensoñada, la proyectada, se acabará transformando en una madre terrible, dominante y posesiva. «¿Cómo te atreves a desobedecer a tu madre? ¡No me dejes! ¡Moriré sin ti!», le gritará en el momento en el que Coraline esté intentando huir de sus garras. Ese grito de auxilio, de rabia y de impotencia ante la niña que se le va, que deja de ser suya («¡Moriré sin ti!») coincide con el momento en el que Coraline inicia su camino de disociación

[1] Ahora que se habla tantísimo de *red flags*, pocas líneas rojas más evidentes que esas personas que, a la primera de cambio, culpan a sus padres de cualquier asunto que les haya pasado en la vida y que siguen justificando sus fracasos, sus errores o sus traspiés buscando en el árbol genealógico un cabeza de turco al que endosarle su última metedura de pata. Hoy será su madre, mañana serás tú *(friendly advice)*.

de la figura maternal, cuando la niña empieza a crear su ego, su yo, y deja atrás la idealización de la madre asumiendo cierta hostilidad[2]. Nótese que en este *coming of age*[3] de manual, en ese dejar atrás a la madre, la niña cuenta con once años de edad. Ahí se pone en marcha un proceso que, en condiciones ideales, debería culminar en la edad adulta y que, supuestamente, debería conducirnos a una relación madre-hija medianamente sana. En los casos de los que se habla en este libro, ya no solo es que no se pusiera en marcha a edades similares, sino que inmersas en décadas bien avanzadas de nuestras vidas este mecanismo sigue luchando por abrirse camino... «La una empuja hacia el futuro, la otra tira hacia el pasado»[4]. Una tensión agravada por la asimetría de las respectivas posiciones.

¿Sueñan las hijas con madres idílicas?

> Una vez, en la primera sesión con una psicóloga, tras un buen rato hablando de mis relaciones familiares, muy concretamente de la que tenía con mi madre, me paró en seco y me dijo: «Llevas quince minutos hablando. No me has dicho nada de ti. Solo me has contado de otras personas.

[2] Y atención porque el enfado aquí es cualquier cosa menos baladí y conecta con lo que veíamos en el capítulo anterior sobre esa imposibilidad de las madres de poder estar enfadadas: «La cólera y la agresividad tendrían un papel muy importante en la formación de la independencia y en la capacidad de devenir autónomos. De este modo, si la madre no se tolera esos sentimientos a sí misma, difícilmente podrá hacerlos con los de sus hijos. Tales sentimientos forman parte de la vida: preservar la identidad, tanto la de la madre como la del hijo, requiere que no sean suprimidos». González de Chávez Fernández, M. A., *op. cit.*

[3] Dícese del género literario o cinematográfico que trata el paso de la infancia o de la adolescencia hacia una etapa más madura.

[4] Eliacheff, C. y Heinich, N., *Méres-filles, une relation à trois*, Albin Michel, 2002.

No me interesa. Quiero que me hables de ti». Aquello me sonó francamente tajante. Puede que tajante de más, de hecho. Me quedé supercortada. Pero es una frase que he recordado muchísimo a lo largo de los años. Y que me ha servido para volver a poner el foco en mí cuando siento que estoy buscando culpables desesperadamente. También es cierto que no volví con esa psicóloga, pero esa es otra historia.

Alejandra, 48 años, sin hijos, tres hermanas.

Víctimas de ese presentismo que veíamos en el capítulo anterior, corremos el riesgo de caer en la trampa de mirarlas a ellas obsesivamente, olvidando que esto va de nosotras, de nuestras vidas y de nuestros presentes y que tenemos derecho a existir como algo más que como hijas desvinculadas de la, en ocasiones, inquisitiva y castrante mirada materna. Cuando una deja de buscar compulsivamente en su pasado por qué somos como somos, cuando una deja de escarbar en las raíces familiares rastreando el porqué de nuestros males, sucede que no nos queda otra que apoderarnos de nosotras, de lo que nos pasa y de nuestras vidas. Una vez sabido, identificado y cercado el trauma familiar, llega un momento en el que permanecer en el lugar que ya fue nos impide estar en el que es y en el que será. Y, sobre todo, nos priva de convertirnos en adultas empezando entonces y ahí la posibilidad del verdadero cambio. En un contexto en el que la juventud es un imperativo y el peterpanismo se ha convertido en mal endémico, no resulta fácil abandonar ese, en el fondo, cómodo estado de adolescencia ininterrumpida.

La prolongación de la etapa adolescente desde los doce o trece años hasta a veces pasados los veinte es un fenómeno característico de las sociedades denominadas desarrolladas, que

> precisamente tienden a violentar e impedir el desarrollo de una parte de su sociedad, los jóvenes, entre los que prolongan el infantilismo y a los que impiden la participación en la vida adulta. La ampliación de los estudios, que impide la entrada en una etapa en que puedan ganarse la vida económicamente, favorece también la dilatación de la infantilización y el detenerse más que el pasar por la propia evolución[5].

Porque este juego de jerarquías entre madre e hija es muchas veces, admitámoslo, una maniobra sostenida por ambas partes. Por la culpa, por los dictados sociales, por un infantilismo prolongado en el tiempo, por la tranquilidad de seguir percibiendo una cierta tutela, por el miedo a ser esa mala hija que nadie querría o simplemente por no saber que hay otras maneras de construir una relación con una progenitora. En cierto modo, hemos sido programadas para ese tipo de relación y no resulta fácil inventarse otro tipo de vínculo cuando, además, la persona con la que hay que reformular esa unión se niega en redondo. Una tarea que Del Olmo reconoce como complicada:

> Aprender a dejar de ser hija. No sé exactamente lo que es. No se trata de cortar la relación e irse y dejar atrás a esa mujer, tu madre. Para nada. Imagino que pasa por ser capaz de construir una relación distinta, pero es muy difícil salirse de ese esquema y tener la posibilidad de marcar unos límites. Igual que, en ocasiones, es complicado trazar la raya entre lo que ha sido una madre imperfecta y una madre abusiva y dañina. Como hija, se está en una situación imposible porque esa deuda que una siente existe, pero ni lo justifica, ni

[5] Valls Llobet, C., *op. cit.*

lo absuelve todo. No deberíamos perder de vista que ser hijo debería ser una circunstancia temporal.

Obviamente no es tarea sencilla. Si ya solo reconocer o admitir en voz alta que la relación con una madre no es la mejor del mundo, ¿cómo poner límites?, ¿cómo atreverse a distanciarse sin verse a una misma como la más pérfida de las traidoras?, ¿cómo romper el esquema?

> Me siento absolutamente responsable de los estados de ánimo de mi madre. De si se siente mal, triste, de si está bien o mal. No es una preocupación como la que se pueda tener por una amiga. Es algo que tiene mucho más peso. También es verdad que ella acrecienta esta sensación y me reclama desde una posición que no es la adecuada. Es como, si de repente, mi madre se hubiese convertido en una niña a la que yo tengo que cuidar y atender cuando, en verdad, es una adulta perfectamente funcional, pero yo ya no la veo así. Como si se hubieran invertido los papeles y yo la infantilizara a ella al igual que ella lo ha hecho anteriormente conmigo. Ahora, me sorprendo sobreprotegiéndola, controlándola, regañándola porque no come bien o porque no hace deporte… Repito esos cuidados infantiles que ella me ha prodigado y me sigue prodigando a pesar de mi resistencia. En el fondo es como si yo tampoco respetara sus decisiones vitales porque no concuerdan con las mías… Exactamente lo mismo de lo que yo tanto me he quejado.
>
> Alejandra, 48 años, sin hijos, tres hermanas.

Otra vez el efecto espejo que tanto recorre este libro. Junto a ese liberarse de cargas que no nos pertenecen, también deberíamos permitirnos el enfado, pero no para quedarnos en él dando vueltas, ancladas en el dolor y en el rencor, sino como una herramienta de liberación de la culpa para saltar a otro lugar. «He descubierto recientemente que podía enfadarme con mi madre sin por ello destruirnos»[6]. Tener el derecho a toda esa ira a la que no nos han autorizado de niñas posibilita, en cierto modo, que también ellas, nuestras madres, dejen de intentar ser esas madres perfectas con las que fantaseábamos. El reconocimiento de la imperfección materna y el verlas desde un lugar más desapasionado nos acerca a la ansiada separación para tolerarnos, también nosotras, no ser las hijas ideales que alguien guionizó. Humanizarlas a ellas, claro; pero a nosotras, también.

Así, en el mejor de los casos, abandonar la soberbia de pensar que somos vitales en el organigrama de nuestras madres («Al final he destruido a mi madre y ella ha sobrevivido a mi destrucción»)[7]. No ceder al chantaje emocional tan bien apuntalado por ese conservador triunvirato que conforman la culpa, el miedo y la costumbre. No caer en la seductora revictimización. Dejar de ser hijas o, al menos, en un formato que no beneficia a ninguna de las dos partes. Interiorizar que la hijidad no es una identidad, solo una fase vital. Y que, por lo tanto, aspirar a ser las hijas perfectas como meta vital es un sinsentido. Asumir que, si bien ellas deberían dejarnos marchar, hacerlo es cometido nuestro. Acabar con la madre interna que nos coarta, nos cohíbe y nos condiciona. Preguntarse contra quién se dirige nuestro enfado: ¿contra la madre de ahora o contra aquella del pasado? Y vencer nosotras también el miedo. El miedo cerval a lo que podría pasar si nos colocamos en otro lugar, si nos retiramos, si cambiamos

[6] Friday, N., *op. cit.*
[7] Bechdel, A., *op. cit.*

las reglas de una relación que ha funcionado históricamente de un modo muy concreto. «No es fácil lograr este *cut-off*[8] para convertirse en mujer, sobre todo cuando no se ha sido más que la-hija-de-su-madre y cuando la otra —el modelo, la referencia— no ha sido nada más que, o casi, la-madre-de-su-hija»[9]. En definitiva, atrevernos a transgredir de una vez por todas, porque quizás ahí se encuentre agazapado todo el meollo, el mandato de género, ese por el cual hemos sido construidas por y para otros…

Porque ¿qué pasaría si decidiéramos romper el principio de jerarquía? ¿Qué ocurriría si pusiéramos en solfa aquello de la *deuda eterna* y dejáramos de sentirnos unas desagradecidas simplemente por querer ser criaturas autónomas? ¿Qué sucedería si comprendiéramos que esta relación de sumisión, de dependencia —o como queramos llamarla— que nos gastamos no es la única plausible? «En efecto, la hija se vuelve igual de dependiente de su madre que esta de ella. Sin embargo, la simetría de sus posiciones solo es aparente, puesto que es la madre quien, como buen ascendente, ostenta el dominio de la relación con el niño, es quien ha construido el marco. La madre actúa, la hija se somete y, a su vez, se esfuerza en mantener intacto el marco relacional que cree ser condición esencial de su relación con la madre, cuando en realidad tan solo es una modalidad»[10]. En detalles tan tontos como anteponer por obligación las visitas a la madre a cualquier otro acontecimiento, llamar por teléfono diariamente o con una periodicidad que no es la elegida por nosotras, dar aclaraciones sobre aspectos de nuestra vida que nos pertenecen solo a nosotras sigue operando una culpa que se torna, con

[8] Cortar, desconectar, interrumpir la comunicación.

[9] Eliacheff, C. y Heinich, N., *op. cit.*

[10] Eliacheff, C. y Heinich, N., *op. cit.*

facilidad, en ira y explosiones de tristeza. «¿Esas llamadas telefónicas vienen de un verdadero amor o de la necesidad de prolongar la simbiosis?»[11].

Es curioso cómo las llamadas telefónicas, quizá por ocupar un espacio destacado en todo este asunto, adquieren una insospechada carga simbólica. En el imprescindible cómic *¿Eres mi madre? Un drama cómico*[12], la autora, Alison Bechdel, cuenta que el proceso de separación de su progenitora se cierra definitivamente colgando un teléfono. «El día que le colgué el teléfono a mamá fue la última vez que me hizo llorar. Las cosas son más fáciles desde entonces».

Por lo aquí recogido, parece que a quienes se han atrevido a romper el cordón umbilical, desafiando la culpa, la sensación de ingratitud y el canguelo, no les ha salido tan mal. «Porque en la difícil pero inevitable experiencia que, para una mujer, es ser madre para su hija y, para una hija, ser —pero no necesariamente permanecer— hija de su madre, hay, sin duda, caminos más practicables que otros»[13].

> La relación que mantengo ahora con mi madre consiste en llamarla una vez por semana, preguntarle qué tal y poco más. Un poco como el que ficha por las mañanas en un trabajo. Pero es que llega un momento en que eres un individuo y no puedes seguir con cincuenta años diciendo es que mi madre tal o mi madre lo otro. No puedes seguir escudándote en eso de por vida. A mí me ha costado muchísimo poder contar la historia de mi abandono con soltura. Mi madre, por supuesto, no quería escuchar ni por asomo nada que tuviera que ver con este tema. Y reconozco que, muchas veces,

[11] Friday, N., *op. cit.*
[12] Bechdel, A., *op. cit.*
[13] Eliacheff, C. y Heinich, N., *op. cit.*

he sido machacona con ella, hasta el punto de cebarme, de ser muy insistente diciéndole que nunca había estado presente… Sobrepasaba los límites, me aprovechaba, me excedía y podía llegar a ser despiadada. Pero ya no, ahora la miro con compasión. A mí lo único que me interesa ahora mismo es que cuando se vaya, lo haga tranquila. Si mi madre de repente padeciera una enfermedad terminal, yo la acogería en mi casa para que muriera allí. A pesar de todo. Es curioso cómo es este vínculo. Tan estrecho, tan feroz…

Lea, 45 años, sin hijos, dos hermanas.

Mi madre ha aprendido a callarse un pelín y yo a decirle las cosas desde la calma. De alguna forma he empezado a llevarlo bien. Me siguen sorprendiendo algunas de las cosas que me dice, pero no me dejan mal, ni siquiera me siento especialmente culpable. También es verdad que yo no hablo casi con mi madre, no tengo una relación con ella cercana. Si fuera la típica que me llama a diario o semanalmente, no lo aguantaría… Obviamente, ella sigue con su rollo de victimizarse y de chantajearme emocionalmente. Cuando me llama, siempre me dice: «¿Qué tal? ¿Cómo andas? Porque hace un mes que no hablamos…». Pero yo siempre le respondo lo mismo: «El mismo tiempo hace que no te llamo yo que el que no me llamas tú». ¡Y asunto zanjado!

Sol, 40 años, una hija, una hermana y un hermano.

En un momento de mi vida en el que estaba francamente mal, mi madre me metió muchísima caña. Lejos de entender o de ser empática, no supo hacerlo. Y yo decidí cortar, romper absolutamente y durante unos meses la comunicación con mi madre y también con mi padre, claro. Hablo de una incomunicación total, algo que no había hecho jamás con mi familia. Cosas como no contestar a mensajes de mi madre. Muy heavy, pero es que se extralimitó. No se estaba enterando de nada. Desde esa distancia, hice un trabajo de ponerme en el lugar de mi madre, de pensar en la vida que había llevado. Y, poco a poco, fui trabajando el perdón. Y según yo me iba poniendo bien, mi madre empezó también a atemperar. Nunca hemos verbalizado este proceso, pero hubo un cambio. En un momento dado retomé el contacto, pero teniendo yo el poder y siendo capaz de poner mis límites. Y me encontré a unos padres que estaban en otra liga.

Ana, 44 años, un hijo, un hermano.

A mi madre le atiendo sus necesidades materiales. Y punto. Cualquier otra relación es imposible. Y no me siento en absoluto culpable de que así sea. No quiero que me arrastre con ella a ese lugar mental tan oscuro en el que vive, ni que me manipule o siga intentando ejercer sobre mí un poder que ya no tiene.

Juana, 50 años, tres hijos, una hermana.

Llegar a ese punto que relata Juana es haber superado la culpabilidad, la sensación de «deuda de por vida» y reconocerse que quizá, y en ciertos casos, las demandas pueden rozar lo abusivo. «Prolongando la dependencia inicial cuando ya no tiene una función protectora con respecto al niño, y utilizando el lugar genealógico como una posición de poder generadora de derechos, tales madres abusan de la superioridad que les ha sido concedida por la naturaleza»[14].

El objetivo es dejar de sentirse hijas horribles solo por querer ser personas adultas y autónomas, poner límites, establecer

[14] Eliacheff, C. y Heinich, N., *op. cit.*

individualidades y poner coto a esta desmesura en la que hemos navegado y nos hemos ahogado durante demasiado tiempo.

Y, en última instancia, admitirnos que sí, que en algunas ocasiones y venciendo todo tipo de presiones sociales que dictaminan que el único amor insano —cuando lo es, obviamente— imposible de abandonar es el de una hija por su madre y el de una madre por su hija, la herida no tiene sanación...

> En determinados casos —sostiene Fernández Peinó— hay que hacer un punto y aparte y entender que, por mucho que tu madre «te haya hecho o te esté haciendo», la responsabilidad de solucionarlo es tuya. No culparla porque eso puede llevar a adoptar el papel de víctima. En psicología, se trabaja mucho con el triángulo de víctima, salvador y perseguidor de Karpman. Son dinámicas que nos van moviendo de una parte a otra. Lo suyo es encontrar un punto central. Si una madre está realmente agrediendo, hay que ver cómo protegerse y, a veces, lo único que queda, cuando las madres son perversas, es alejarse. Se trata de no ocupar la posición de salvadora interiorizando conductas abusivas o de caer en el victimismo de que los otros son los responsables de nuestro dolor.

Retamozo también insiste en la necesidad de validar las emociones individuales:

> Si estás enfadada con tu madre por lo que viviste, tienes todo el derecho. Pero el segundo paso es comprender las variables estructurales. Es decir, ¿qué pasó para que mi madre actuara de aquella manera? Y eso no tiene por qué conllevar un perdón absoluto. No se trata de eso. Se trata de entender porque eso evita repetir patrones. Hay que entender de dónde viene

> el problema para poder pararlo. Perdonar ya es una decisión personal y tampoco tenemos por qué invalidar nuestras emociones. Ni como madres, ni como hijas. Y también es legítimo decidir si queremos tener o no ese vínculo. A veces no se puede salvar todo.

Para esos casos en los que, inevitablemente, hay que asumir la derrota, se nos aparece otra vez David Lynch. En el décimo capítulo de la segunda temporada de la serie de series —obviamente, *Twin Peaks* (1990-1991)— se corre el rumor de que un prestigioso crítico gastronómico va a visitar el pueblo para emitir su veredicto sobre Double R Diner, el café regentado por Norma Jennings. Finalmente, y contra todo pronóstico, el tan esperado crítico es ¡una mujer! Una mujer que no es otra que la madre de la propia Norma quien bajo un equívoco seudónimo, M. T. Wentz, lleva años desempeñando el *masculino* oficio. En anteriores capítulos ya se ha podido percibir que la relación entre Norma y su madre no es precisamente boyante. En la visita al diner se produce esta parrafada entre madre e hija:

> —¿Qué pasa con los manteles? —pregunta una inquisitiva Vivian Smythe Niles, madre de Norma.
> —El crítico ha hablado. Me siento como una tonta —responde Norma.
> —Cambia esa cara, no ha sido para tanto.
> —Madre, no me digas cómo tengo que sentirme. Esto es todo lo que tengo. Quiero mantener a los clientes de siempre. No me importa si no viene nadie más. Y seguro que no vendrá nadie más. No después de: «Vaya si lo que quiere es color local, pero si lo que quiere es buena comida, vaya a un lugar más grande».

—Decía «Encanto local», no «color».

—¿Has memorizado esa basura?

—No. La escribí yo. Mejor que lo sepas, así acabamos con este melodrama. M. T. Wentz *c'est moi.*

—No puedo creerlo. ¿Por eso viniste? ¿Para hundirme?

—No, cariño, quería hacerte una buena crítica pero este no es un buen restaurante. No puedo ir contra mi ética profesional.

—¿Ética? Soy tu hija.

—Tienen que prevalecer algunas normas.

—¿Y qué hay de las normas de decencia y amabilidad? ¿O es que esas normas no entran en tu profesión?

—Claro que sí.

—No trataría así ni a un perro. Mucho menos a mi hija.

—Como siempre, estás exagerando.

—¿Sí? Puede que sí. Pero yo reacciono así. El dolor que siento es mío. Y cómo reacciono no es tu maldito problema.

—Cariño, sé razonable.

—Estoy siendo muy razonable. Quiero que salgas de este sitio. Sal de mi vida. No quiero que vuelvas a hacerme daño.

—Norma…

—Adiós. Vete.

Norma, de espaldas a su madre pero de frente al espectador, rompe a llorar mientras vemos a su madre abandonar el restaurante[1]. Esta conversación podría servir de sucinto manual de estilo sobre cómo alejarse de aquellas relaciones maternofiliales que nos sientan reguleras. En realidad, podría

[1] En el capítulo diecisiete de la segunda temporada vuelve a haber otra irónica referencia a esta relación. En el reencuentro de Norma con su hermana Annie Blackburn —recién salida de su carrera como monja—, la primera le pregunta a la segunda que qué tal con su progenitora. La respuesta, antológica. «Podemos hablar de ella o sentirnos bien. Voto por el plan B».

memorizarse para cualquier vínculo que esté lejos de indicadores medianamente saludables. Por varias razones. Por cómo la hija evita el cuerpo a cuerpo, no cae en el victimismo, no entra en el ataque personal y, en realidad, se limita a exponer cómo se siente defendiendo su derecho a encontrarse dañada. El choque de trenes culmina con un expeditivo y nada melodramático —por mucho que la madre opine lo contrario— «adiós». Del otro lado, el de la madre, una distancia teñida de una sorna que da miedo, un posicionamiento de superioridad casi de partida, una defensa a ultranza de la maldita hiperexigencia y una gélida tenacidad en desacreditar las emociones de su hija haciéndolas pasar por sobreactuadas. Un esquema que a quien más, a quien menos le resultará, como poco, vagamente familiar y que es frecuente en otros ámbitos relacionales. ¿Cuántas veces hemos escuchado el *¡qué exagerada!* para desacreditar nuestros sentimientos y arruinar cualquier intento de hacernos entender? A estas alturas no es ningún descubrimiento que sembrar la duda como estrategia para minar la confianza y atajar cualquier posible confrontación es un método tan marrullero como resultón.

LA HERIDA

—¿Por qué no me quieres, mamá? Siempre me lo he preguntado. ¿Por qué te apartas de mí? ¿Por qué? ¿Qué me pasa?

—¡Nada! ¡No te pasa nada!

—Siempre has pensado que hay algo malo en mí. ¡Siempre!

—Jamás.

—¡Dios mío! Cuando pienso en las cosas que he hecho para que me quisieras. ¡Las cosas que he hecho!

(La madre le da un bofetón a la hija).

—Lo siento, mamá. No sé qué me ha pasado para hablarte así. Sé que nunca has pensado nada malo de mí.

—No, nunca.

Esta conversación está sacada de *Marnie* (Alfred Hitchcock, 1964), pero con toda probabilidad (sin el cinematográfico e innecesario bofetón) ha sido mantenida de manera más o menos similar por algunas de las hijas que aparecen en este libro. En la película, esta charla se produce cuando Marnie (Tippi Hedren) acude de visita a casa de su madre (Louise Latham). Allí, viendo el cariño con el que esta trata a una niña a la que está cuidando (le ha preparado una tarta), Marnie estalla de celos y tienen el encontronazo referido. Cuando esto sucede, Marnie ronda la treintena. Es una adulta, independiente, vive por su cuenta y, sin embargo, sigue con la herida del trauma materno. En *Marnie* se dan cita todos los tópicos sobre las escolladas uniones madre-hija. Desde esa ley del silencio mencionada en varias ocasiones (hacer como si no pasara nada rehuyendo la médula del problema cuando, evidentemente, hay algo subterráneo dinamitando la relación) hasta la madre redimiendo a través de su hija sus propios pecados, llevando a su máxima expresión aquello de la transmisión intergeneracional («Me prometí que te criaría de otra manera. Decente»). Por el camino, hay sitio para todos los clichés de ese psicoanálisis al que Hitchcock le sacó tanto partido (entre otras cosas, sortear con gracia y donaire el código Hays[2]): una regresión infantil, un psicólogo aficionado, un trauma enquistado, un bloqueo sexual... Pero lo interesante del diálogo reproducido es la fidelidad con la que ejemplifica ese anhelo de madre tan estrechamente vinculado a la culpa: hay algo malo en mí y esa es la razón por la que mi madre no me quiere, o al menos, no como yo espero, pero tengo que seguir intentándolo, tengo que seguir esperando porque algún día todo ese amor me será dado. Un empeño que parece condenado a subsistir a pesar de la distancia, los años, la separación y demás avatares vitales y que garantiza el sometimiento filial a un orden jerárquico sin fecha de caducidad. En casos como estos de los que hablamos, puede suceder que «la relación madre-hija culturalmente idealizada sea más importante que la realidad. Si de niños esta simbiosis no se ha producido, de mayores tendremos más necesidad de ella que las mujeres a las que no les ha faltado»[3].

[2] El código Hays se estableció en Estados Unidos en 1930, aunque no empezó a aplicarse hasta 1934 y no se abandonó hasta 1967. Consistía en un compendio de normas que dictaminaban qué se podía ver en pantalla y qué no y que tenían a bien velar por la moral de los espectadores.

[3] Friday, N., *op. cit.*

El anhelo

«¿Qué esperaba de un reencuentro después de siete años? ¿Qué esperaba yo? ¿No abandonamos nunca la esperanza? ¿Nunca dejamos de ser madre e hija?». Esta línea de diálogo pertenece a *Höstsonaten* (*Sonata de otoño*, Ingmar Bergman, 1978). Obligatoria. Pero ¡cuidado! Es Bergman cogiendo el escalpelo para destripar una relación conflictiva entre madre e hija. Aquí no hay rendijas camp en las que refugiarse. Destroza. Literalmente. En esta película —una intensísima e implacable conversación entre madre (Ingrid Bergman) e hija (Liv Ullmann) tras años de separaciones y malentendidos— se condensan prácticamente todos y cada uno de los temas aparecidos en este libro. La madre controladora y entrometida, la rivalidad y los celos, el miedo a la opinión materna, el terror a envejecer, la culpa y los reproches, la madre que renuncia a su maternaje para poder ser mujer, la madre hipercrítica y exigente, la hija obligada a rellenar los huecos dejados por sus padres, la hija pequeña obligada a ser adulta, la hija que siente que a causa de esa falta de amor materno durante su infancia nunca nadie la querrá, la prohibición de odiar a la madre transformada en ansiedad hacia una misma, las heridas heredadas, las heridas infligidas desde y por una herida aun mayor, el amor mal entendido, la imposibilidad de romper el cordón umbilical, las herencias de los fracasos y de las infelicidades maternas, la vigencia de un rencor rancio y ya antiguo, la imposibilidad de colocarse en el presente para seguir viviendo en un pasado atiborrado de reproches…

Y sobre todo, Bergman captura de manera deslumbrante algo que se suele pasar por alto cuando se habla de relaciones maternofiliales: el miedo. Pero no el aquí expuesto en diversos formatos y pelajes. No. Otro bien distinto. El pánico que la madre tiene a su propia hija. El pavor a ser madre. Así la «lisiada emocional» —como califica la hija a su madre en el filme— responderá al rosario de reproches de su hija admitiendo sin coartadas: «Quería quererte, pero no podía. Me daban miedo tus exigencias. No quería ser tu madre. Quería que supieras que era tan indefensa como tú. He sido egoísta e infantil». Dos mujeres asustadas. Asustadas de ser hija la una y madre la otra. La una aterrada de su madre. La otra atemorizada de su hija. Madres malas e hijas horribles. Desgarrador.

Según González de Chávez, la maternidad tiene un reverso tenebroso. Puede asustar. Y mucho. «Otras mujeres sienten que esta responsabilidad inmensa les llena de ansiedad y temor, pues les angustia que otro ser humano dependa en exclusiva de ellas, lo que revelaría la persistencia en ellas del deseo de sentirse aun más hijas que madres»[4].

> Estoy convencida de que mi madre se fue con aquel hombre casi como una manera de huir de nosotras, sus hijas. De escapar de su faceta de madre que, en el fondo, yo diría que le aterraba. Tenía muchísimo miedo de enfrentarse a la maternidad. Y yo, sin embargo y a pesar de mi experiencia tan traumática de abandono, durante mucho tiempo seguía cayendo rendida cada vez que mi madre aparecía por casa o decía que iba a volver… Recuerdo que acechaba desde la ventana su vuelta y le preparaba tartas. Aún a fecha de hoy, noto que esa querencia sigue ahí. Obviamente, de otro modo, porque ya no espero nada. Pero cuando veo hijas de mi edad compartiendo vivencias con sus madres es como si echara sal a la herida. Escuece. Y es que todavía espero que

[4] González de Chávez Fernández, M. A., *op. cit.*

pase, que de repente podamos ir juntas a comer y tengamos una conversación como madre e hija. Sé que no va a suceder, pero no puedo evitar fantasear sobre ello.

Lea, 45 años, sin hijos, dos hermanas.

Necesitaría bajarle a mi madre un punto de emocionalidad y de intensidad para así poder relacionarme con ella desde un lugar un poco más tranquilo y más cómodo. Cuando tiene el día enturbiado por lo que sea es un remolino que no soy capaz de gestionar.

Bruna, 36 años, sin hijos, una hermana.

Me gustaría tener una buena relación con mi madre. Durante muchos años, he luchado por conseguirlo, me he desesperado, me he enfadado y lo he intentado de mil maneras. Siempre con la esperanza de que, si lo hacía de otro modo, terminaría saliendo bien. Pero hay algo que no funciona. No sé lo que es. Solo sé que seguir esperando lo que no va a llegar no tiene mucho sentido. Así que he intentado colocarme en un lugar en el que la culpa no me coma, la paciencia no salte por los aires a cada minuto y los desplantes no me afecten. Me he distanciado un poco del volcán intentando entenderla, comprendiendo de dónde vienen muchas historias, asumiendo que el rollo de la madre perfecta no existe, pero también permitiéndome mi cabreo por ciertas cosas suyas que están pasadísimas de rosca y que no me gustan nada. Soy perfectamente consciente de que todo esto no me va a curar la herida. En todo caso, lo hará un poco más llevadero y solo a ratos.

Alejandra, 48 años, sin hijos, tres hermanas.

En una de esas visitas que acababan con frecuencia regular, ella empezó a lanzarme entre lágrimas y sin motivo alguno reproches. Me decía de manera muy desgarrada que era una mala hija. Yo recuerdo que lo único que alcanzaba a articular ante semejante situación era: «¿Pero qué quieres de mí?, ¿qué esperas de mí?». Nunca llegué a entenderlo del todo…

Manuela, 46 años, sin hijos, un hermano. Madre fallecida.

¿De dónde viene esta pulsión de volver una y otra vez a ese lugar en busca de un consuelo que, muy probablemente no vayamos a encontrar? ¿Por qué esta incapacidad de asumir? ¿Cuál es el origen de esta tristeza que parece no tener fin? ¿Cuál es la razón por la que, incluso, en relaciones bastante traumáticas sigamos hablando del amor que les profesamos? Según Friday, son rescoldos de la infancia. Por un lado, de esa niña absolutamente incapaz de asumir que esa que, a veces, percibía como una «mala madre» era también su madre. La imposibilidad que tuvimos de reconocernos, de pequeñas, un cierto odio, permanece y se refleja en todos esos sentimientos de enemistad del presente que asfixiamos a duras penas. No nos podemos permitir ni tan siquiera esas ideas terribles. No vayamos a herirlas. Por otro lado, y siempre según Friday, existen ciertos indicios de que aquella hija que de pequeña no recibió todo el amor que esperaba o que necesitaba tendrá serias dificultades para abandonar ese hogar familiar convertida en una adulta independiente. Una laguna imposible de colmar. «La madre que no nos ha acordado su aprobación total nos encadena para siempre. Continuaremos solicitando su aprobación porque no renunciaremos jamás a creer que un día quizá, aunque solo sea por una vez, si hacemos algo bien, nos admirará totalmente». Y añade descifrando el misterio: «Como [la madre] no se siente separada de nosotras, considera como suyo el menor de nuestros fallos. Cuando algo vaya mal, dirá: "¿Cómo has podido hacerme esto a mí? ¿Qué pensarán nuestros vecinos?". Nuestros deseos, nuestros sentimientos, nuestras acciones e incluso nuestros fracasos no nos pertenecen»[5]. Nuevamente, la diferenciación fallando.

Friday acaba de rematar el asunto advirtiendo que esta aprensión que tenemos de vislumbrar en nuestra madre aspectos que aborrecemos puede acabar desembocando en un sentimentalismo forzado. Nos comemos la hostilidad intentando comprender, perdonando, negándonos la mayor para protegerlas. Oscilamos entre la furia y el remordimiento de tal forma que el inevitable encontronazo derivará en el enésimo intento de reconciliación. Hasta la siguiente.

Una especie de vaivén emocional que, sin meditarlo mucho, no tiene visos de ser la mejor manera de relacionarse, ya sea con nuestra madre o con cualquier criatura de la galaxia. Y, sobre todo, una estructura anormalmente flexible que siempre vuelve al lugar de origen. Se curva, se inclina, parece a punto de quebrarse, pero no. Milagrosamente, vuelve a recomponerse como si nada hubiera pasado colocándonos de nuevo en el punto de partida, justo aquel en el que no queríamos estar. Aquel en el que se inició el desencuentro, aquel que una y otra vez acaba en enfrentamiento, aquel del que querríamos salir para siempre jamás. Aquel en el que seguimos esperando que la próxima sea la definitiva, la que lo cambie todo. ¡Que el armazón ceda de una vez por todas! Pero eso no pasa. Porque, en el fondo, la sola posibilidad nos aterra.

[5] Friday, N., *op. cit.*

El ruido que no cesa

Este tema de la relación madre-hija me remueve profundamente. Desde un lugar muy distinto al de la mayoría de los casos que aparecen aquí. Diría que desde el opuesto. Por varios temas. Porque soy madre de una niña y porque tuve una madre con la que ni yo ni ninguna de mis hermanas tuvimos mala relación. En mi familia, la única dificultad real ha sido la relación entre mi padre y mi hermano. Desde mi propia experiencia siento como algo superinjusto que se considere la relación madre-hija como la más difícil que hay. Lo he leído muchísimas veces y lo he escuchado otras tantas. Durante mi embarazo, leí algunos libros que ya advertían sobre esto, como una especie de amenaza fantasma. Recuerdo que me regalaron un libro sobre cómo prepararme para mi nueva etapa. Un libro fabuloso, excepto por una sección que versaba sobre la relación madre-hija advirtiendo que era la más difícil de todas y que mejor estar prevenida... Me sentó fatal. Cuando te quedas embarazada, si es de una niña, ya parece estar todo mal, en plan ¡qué putada! Te lo repiten tantas veces y de tantas maneras distintas que acabas desarrollando un miedo enorme, como si aquello fuera una especie de profecía. Una mala suerte de la que ya no puedes huir. Empiezan por asegurarte que si tienes náuseas es porque estás embarazada de una niña. ¡Como si las mujeres provocásemos náuseas desde que nos engendran! Si estás fea durante el embarazo es porque estás de una niña. Ya que, según esa teoría tan extendida de la rivalidad femenina, las mujeres competimos con nuestra hija ya desde que las gestamos. Ella es el renacimiento, la belleza, la juventud frente a tu imparable envejecimiento. Todos estos lugares comunes que se repiten sin ser cuestionados son horribles. Y hay para cada etapa de la niña. Según va creciendo mi hija, me van diciendo nuevas barbaridades. La última fue que solo tienen rabietas las niñas. Me encantaría saber de dónde salen todas estas hipótesis. Es un constante goteo en el que parece que lo peor que te puede pasar siendo madre es tener una hija y no un hijo.

Asun, 44 años, una hija, tres hermanas, un hermano. Madre fallecida.

Ciertamente y, como se ha visto con profusión aquí, existe toda una mitología, más o menos apuntalada en criterios más o menos contrastados, en torno a esta especie de maldición que se cierne sobre las madres y, muy en concreto, sobre su relación con las hijas. A una mente sinuosa podría parecerle que existe un oscuro interés en alimentar este enfrentamiento sostenido a lo largo de los siglos. Una retórica que, en combinación con todo el psicoanálisis focalizado sobre el tema, es una bomba de relojería que acerca la maternidad a terrenos que rozan una película de terror. «Cuando nace una hija, las aprehensiones que la madre creía vencidas hace tiempo resurgen. Ahora no solo hay una persona a su cargo, sino que esa persona es como ella, y por lo tanto expuesta a todos los peligros contra los cuales se ha peleado toda la vida»[6]. «Me he encontrado con psicoanalistas que dicen con una desolada sonrisa que los sentimientos de rivalidad madre-hija, por mucho que se nieguen, son universales»[7]. Y, claro, Lacan: «El papel de la madre es el deseo de la madre. Esto es capital. El deseo de la madre no es algo que se pueda soportar tal cual, que pueda resultar indiferente. Siempre produce estragos. Es estar dentro de la boca de un cocodrilo, eso es la madre. No se sabe qué mosca puede

[6] Friday, N., *op. cit.*
[7] Friday, N., *op. cit.*

llegar a picarle de repente y va y cierra la boca»[8]. Esto no acaba ahí. La sutil metáfora se resuelve de modo irónicamente tranquilizador: en las fauces de ese cocodrilo hay un palo, de piedra. Está ahí, en potencia. «Es lo que se llama el falo. Es el palo que te protege si, de repente, eso se cierra». El padre es el que pone el falo que evita que la boca se cierre y una acabe aprisionada para siempre en las fauces de Tic Tac[9]… Punto y aparte.

Del Olmo pone un poco de cordura en toda esta jungla psicoanalítica:

> Es un mito muy, muy extendido. De niños no tuvimos a alguien que supiera apoyarnos, reconfortarnos, querernos incondicionalmente, y ahora, como adultos y progenitores, descubrimos que, por más que lo deseemos, no logramos apoyar, reconfortar y amar incondicionalmente a nuestros hijos. Al menos no tanto como para alcanzar el ideal cultural que empleamos como baremo. Cuando uno se enfada y le grita a su hijo, no es porque la conducta del niño sea objetivamente molesta o insoportable, ni tampoco porque estemos cansados o preocupados, sino porque el niño desatendido e insuficientemente amado que albergamos en nuestro interior ha tomado las riendas o, más prosaicamente, porque pagamos con la misma moneda con la que nos pagaron. Dado que, según el neorromanticismo, nuestros hijos son siempre buenos, sus conductas no pueden ser malas[10].

Y González de Chávez recuerda que la mayoría de esta literatura sobre la maternidad ha sido históricamente escrita por señores, y todas han tenido en común algo que no debe-

[8] De Paschetta, D., *La conjetura del sujeto/II. Lacan recargado*, Buenos Aires, Letra Viva, 2022.
[9] El cocodrilo de Peter Pan.
[10] Del Olmo, C., *op. cit.*

ríamos obviar: «El interés ha girado siempre en torno a los problemas que las madres podrían "causar" y no en los que ellas pudieran tener. Para este tipo de análisis, el verdadero sujeto de la maternidad son los niños, no la mujer, la cual es olvidada como sujeto social»[11]. Eyer va más allá: «Una vez más, al proteger los fetos contra las madres, estamos también utilizando a la mujer como chivo expiatorio de las tensiones creadas en el fondo por otros problemas sociales»[12].

Lo que está claro es que por cada libro que dice una cosa, hay otro que dice la contraria; por cada experto que esgrime una teoría, hay otro que defiende la opuesta; por cada teórico enarbolando las tablas de la ley, hay otro que blandirá otras bien distintas. ¿Cómo conseguir esquivar el sesgo empírico a la hora de interpretar? El tema es tan complejo y tan personal que quizá resulte inviable no volcar las propias vivencias en lo concluido. En la gran mayoría de estas especulaciones, de una u otra manera, directa o indirectamente, la madre aparece como la responsable de todos los males de la humanidad y de todos los traumas que atosigarán a la criatura recién nacida en el incierto y sombrío futuro que le aguarda. Independientemente de cuán acertadas sean unas hipótesis u otras, de lo muy convincentes que sean unas conjeturas u otras, lo único que parece incontestable, aparte de que convendría liberar a las madres de tanta presión, tanta culpa y tanta expectativa, es que toda esta niebla de opiniones crea un muro de sonido que distorsiona gran parte de la experiencia de lo que es la maternidad y la hijidad, especialmente cuando esta se escribe en femenino. Y de ese ubicuo y casi imperceptible ruido de fondo no escapamos ni ellas, ni nosotras.

[11] González de Chávez Fernández, M. A., *op. cit.*
[12] Eyer, D. E., *op. cit.*

La aceptación

La segunda acepción de la palabra *aceptación* es «aprobación, aplauso». Tan malo no debe de ser a pesar de que, por ese bombardeo constante con la matraca de la superación personal y del «querer es poder», parezca haber algo francamente reprobable en aceptar. De la renuncia ya ni hablamos. Sin embargo, tal vez en el tema que nos ocupa, admitir la falla sea el único camino. Reconocer que la idea de familia como una institución segura, duradera, generadora de felicidad y equilibrio es, si no una completa falacia, al menos sí una ilusión poco verosímil. Una ilusión que, precisamente por haberse construido desde la más edulcorada de las ficciones, será generadora inagotable de traumas y malestares. La familia es una organización extremadamente complicada y difícilmente armoniosa. Un espacio relacional en el que los conflictos, los dolores, los traumas y los enfrentamientos están bastante asegurados. «La familia es una realidad antropológica y extremadamente compleja, tanto como las personas. La familia fue —y sigue siendo— un espacio de opresión y de limitación de las oportunidades de las mujeres y los niños»[1].

Volviendo casi al principio de todo esto, parece que un montón de páginas más tarde, la cuestión aquella planteada de qué era ser hijo sigue siendo una ecuación de difícil resolución. Carolina del Olmo lo expresa de manera muy gráfica:

> Los medios de comunicación tienen alergia a los matices y los titubeos. Nunca leeremos en un periódico: «Científicos del MIT afirman que lo que denominamos amor filial es una noción vaga y fuertemente contextual que se ha transformado

[1] Del Olmo, C., *op. cit.*

> a lo largo de la historia y es el resultado de una compleja interrelación de factores culturales, biológicos, afectivos y morales que ni siquiera estamos cerca de describir y muchísimo menos de explicar[2].

Toda aceptación conlleva un duelo. Pero, en este caso, el duelo no es por la figura de la madre. Lo es más bien por nuestras malogradas expectativas. Dejar marchar esas perspectivas fallidas es tan liberador como necesario. Para nosotras (¡saber por fin a qué atenerse!) y para ellas (¡poder ser!). Acaso asumir que la familia es un organismo abollado de partida y que el amor filial es algo indefinible por naturaleza y, por lo tanto, no regulable, ni cuantificable, ni exigible nos ahorraría no pocas turbaciones y disgustos y, sobre todo, nos ayudaría a futuro para permitirnos abordar toda esta cuestión desde otro lugar menos utópico y, seguro, menos doloroso.

[2] Del Olmo, C., *op. cit.*

EL FUTURO

Ser padre es un privilegio, no un derecho.

En esta frase que procede de *Dolls* (Stuart Gordon, 1987) se condensa probablemente la única ley inviolable en esto de tener hijos y tratar de educarlos. Algo que, en realidad y venciendo la distorsión que provoca tanta teorización, tiene mucho que ver con el sentido común. «Por decirlo de la manera más llana posible, me parece imprescindible intentar ser bondadosos y empáticos con los niños, negociar y evitar el autoritarismo, así como descubrir y respetar los ritmos de desarrollo. Pero no solo porque me gusten los niños [...], sino porque me parece que son personas con derecho a ser tratadas con respeto, además de ser receptores natos de nuestra obligación de cuidar»[3].

En *Querida Ijeawele. Cómo educar en el feminismo*[4], la escritora Chimamanda Ngozi Adichie expone un perfecto manual sobre cómo mantener ciertos parámetros para, si no garantizar una buena maternidad, al menos ayudar a que así sea. Lo recogido en este librito es en realidad un conjunto de reflexiones que se caen por su propio peso, pero que alguien tenía que dejar por escrito. Recordar a las madres que han de ser personas

[3] Del Olmo, C., *op. cit.*

[4] Ngozi Adichie, Ch., *Querida Ijeawele. Cómo educar en el feminismo*, Literatura Random House, 2017.

plenas, que pueden y deben pedir ayuda y ser indulgentes consigo mismas, que no van a llegar a todo, que se necesita equidad en el reparto de las tareas, que los roles de género son una patraña y que hay que hacer cuanto se pueda por dejarlo claro desde los principios vitales de la niña, o que hay que potenciar la identidad filial y rodearla de referentes femeninos...

Probablemente lo más difícil y, sin embargo, por todo lo visto en este libro, lo más importante sea, como madre, avivar en una misma la idea de que la relación con la hija (porque hablamos de hijas aquí, pero es aplicable a cualquier criatura que una alumbre) es una relación finita, entender que es una criatura destinada a ser autónoma, alguien que tendrá que soltarse y a la que habrá no solo que permitir que lo haga, sino ayudarla y dotarla de las herramientas necesarias para que esto ocurra, para que sea independiente sin culpas y sin miedos.

Para todo esto ayudaría, obviamente y sobre todo, el llegar a semejante condición (la de ser madre) por un camino distinto al de muchas de nuestras madres: porque era lo que había que hacer. Una especie de precepto social que casi anulaba la posibilidad de plantearse otra opción. Pero tampoco hacerlo por otras razones tan poco consistentes como por escapar, como ya hemos visto, de la soledad, por arreglar ciertos desaguisados, por colmar ciertas carencias o por garantizarse un futuro en el que, como si se tratara de una parábola de corte religioso, todo lo sembrado será devuelto con creces por aquello de la deuda o de un agradecimiento torticeramente aplicado.

Pero entender que esa vida ni es tuya ni te pertenece y animar a esa criatura a constituirse desde el principio como una persona completa es tan sencillo de explicar como difícil de sentir. Porque «la manera en la que una mujer se vincula a su hijo es una de las marcas de su propia evolución… o del bloqueo de esa evolución»[5].

> En lo que más me centré cuando decidí ser madre, antes incluso de quedarme embarazada, fue en tener claro que yo traía a una hija al mundo porque realmente lo deseaba, pero que pasaría con ella el tiempo que ella decidiera y que luego se iría y *c'est fini*. No quiero, ni puedo olvidar que tengo otras cosas en la vida. Creo que, para tener una relación sana con tus hijos e hijas, es fundamental saber que esa relación está programada para acabarse.
>
> Sol, 40 años, una hija, una hermana y un hermano.

> Tengo claro que uno de los errores que no voy a cometer es el de no poder desapegarme de mi hijo. Fomento todos los días lo contrario. Quiero que se construya como persona y que sea alguien desligado de mí. Es algo que he incentivado desde el minuto uno.
>
> Gabriela, 44 años, un hijo, un hermano.

Curiosamente, cuando, pasados unos meses, Gabriela revisó las declaraciones que finalmente se iban a incluir en este libro, me mandó el siguiente audio:

> Estos últimos tiempos he tenido unas broncas tremendas con mi hijo. Tuve que volver a terapia para trabajar sobre ello. Me di cuenta de que incluso estando muy atenta, estaba siendo muy complicado para mí soltar. Ya sea por verle muy pequeño, ya sea por pensar que se estaba equivocando… Después de varias sesiones de terapia y de hablar con gente, me

[5] Friday, N., *op. cit.*

di cuenta de que lo que estaba ocurriendo es que mi hijo me estaba pidiendo que le dejase ir y a mí me estaba costando hacerlo. Y cuando lo hice, volvió a acercarse a mí. Fue increíble. En la época de nuestras madres, estas reflexiones ni existían… Admitir que tu hijo hace cosas que no te gustan y que incluso te puede caer mal o tú a él es complicadísimo, pero no queda otra. Con esta experiencia reciente y releyendo ahora los fragmentos en los que hablo de mi madre para este libro me parece que quizá he sido un poco injusta o que la he juzgado con mucha alegría. De repente, cuando me ha tocado a mí, ¡he hecho exactamente lo mismo! Ha sido muy revelador darme cuenta de que somos falibles e imperfectas como madres y como hijas.

Gabriela, 44 años, un hijo, un hermano.

Otro testimonio bastante clarificador sobre lo que supone ser madre es el de Celia:

> Los seis primeros meses después de parir, no perdí de vista a mi hija. No estuvimos en ningún momento en habitaciones distintas. Y de esos seis primeros meses, poco rato estuve separada en lo que a piel se refiere. Recuerdo, que nada más nacer mi hija vino la familia de mi chico a conocerla. Una de sus hermanas la cogió y se la llevó a otra habitación. Lo recuerdo como si hubieran sido cinco horas. Igual fueron quince minutos. En mi cabeza solo estaba la idea de «¿qué hace esa desgraciada que se ha llevado a mi hija y dónde está?». Claro, no podía decir nada. No quería parecer una loca. Pero sufrí muchísimo porque se la había llevado un ratito al cuarto de al lado. Algo muy exagerado. Y pensaba: «¿y esto cuándo se va a pasar?». Veía a mi hermana con hijos más mayores a los que dejaba hacer y yo me preguntaba si a mí me

pasaría también. Es verdad que vas pasando etapas y ahora mismo puedo estar separada de ella y de hecho lo agradezco. Pero a día de hoy tengo que recordarme que ella no es mía. Es verdad que aún es muy pequeña, tiene ocho años, e igual cuando sea completamente autónoma, estoy en otra fase más desprendida. Pero ahora tengo que repetirme una y otra vez: «esta niña es una persona al margen de mí». Lo que me sale natural es pensar: «es mi hija y es mi cría». Mi esfuerzo y mi desafío es conseguir desprenderme de eso. Tengo que estar siempre alerta, no bajar nunca la guardia. Y tener claro que mi labor es acompañarla y creo que solo puedo hacerlo si no me olvido de mí. Lo otro es un acompañamiento confuso. En mi caso, paré completamente mi vida durante más de un año y solo ahora empiezo a retomarla de verdad. Tengo menos tiempo para ella, pero estoy contenta con mi trabajo. Hay veces en las que ella me reclama y me dice que siempre estoy trabajando y que nunca estoy con ella, lo cual no es verdad. Entonces tengo que explicarle que igual ahora mismo no lo entiende, pero que seguramente algún día comprenderá que esto que estoy haciendo es bueno para mí y, por lo tanto, para ella. Funciona también como recordatorio para mí misma. Y ella, de forma natural, va abriendo otros espacios a otras personas, me va necesitando menos y va incorporando otros referentes. Y yo tengo que darle ese espacio.

—¿Y qué pasa con la culpa?

Asoma todo el rato. Pero no solo por no estar más tiempo con ella, también por no estar trabajando, por no llamar a mi madre, por no atender mejor a mis amigas… Creo que tiene que ver con esa imposición con la que hemos crecido de tener que llegar a todo y hacerlo todo bien.

—Y cuando le has dado el espacio que mencionabas y que entren otros referentes, ¿has sentido celos?

> Es algo que también tengo que vigilarme y mirarme. No los siento con mi madre ni con mi padre ni con una amiga, pero de pronto con una persona que a mí no me acaba de caer bien, sí. El típico adulto que es muy de fuegos artificiales, muy atractivo para una niña, pero que luego en realidad no tiene ninguna implicación real y que a los niños les fascina. A mí me da mucha rabia, pero, claro, es mi rabia. Y tengo que pararme ahí y decirme que ella está construyendo su propio universo, sus propias relaciones y dejarla. Y no pensar que yo tengo que validar las personas con las que se relaciona. Todo esto constituye una permanente autovigilancia. Tengo que estar todo el rato observándome.

—¿Y el futuro? ¿Asumes que esta pueda ser una relación temporal, que tu hija se vaya a vivir a la otra parte del mundo o que no le caigas bien?

> Forma parte de entender, comprender y asumir que es una persona independiente que tendrá su vida y que lo único que puedo hacer es acompañarla lo mejor posible en el rato en el que esté y le toque estar conmigo. Quiero creer que llega un momento en el que ya no duele, porque a fecha de hoy, pensar que mi hija se pueda ir a vivir a Australia, me resulta inverosímil. Se me parte el corazón. Hay que irse preparando y mentalizando. Imagino que cuando mi hija sea mayor, yo también estaré en otro lugar.
>
> Celia, 49 años, una hija, una hermana.

Varios de los temas apuntados por Celia ayudan a romper el lazo en ocasiones tan agobiante que se construye de manera casi inconsciente. Alimentar la identificación con otras figuras del entorno ayuda y mucho a que así suceda. También ser muy consciente de los cómos y de los porqués se ha llegado hasta ahí.

> Si tenemos un hijo para otorgarnos una identidad, para revivir nuestra infancia tal y como nos hubiera gustado que fuera, para salvar nuestro matrimonio, para tener una meta en la vida, o por cualquier otra razón más o menos coja, la posterior separación será muy difícil. Como nos «presta servicio», no podemos soltar a nuestra hija. Si nos deja para ser una persona completa, perdemos nuestra identidad, nuestra razón de ser, nuestra posibilidad de volver a empezar nuevamente nuestra vida[6].

Saber por qué se ha tenido un hijo ayuda a que, cuando vengan mal dadas, el resorte de la culpa y de la frustración no salte apuntando donde menos debe: a la criatura. Y como bien han señalado todas las hijas-madres entrevistadas, tener muy presente que la condición ineluctable para asegurarse una relación madre-hija duradera es la movilidad, esa que estriba en ir abandonando omnipotencia, dependencia y poder cuando los tiempos lo vayan marcando. Es chocante la poca literatura que hay sobre la etapa adulta de la relación madre-hija, que es sin embargo la más duradera y, en ocasiones, la más complicada. Si para las infancias todo son manuales, teorías y libros sagrados, para la edad adulta se impone un inquietante silencio. Un silencio que abarca la peor parte.

[6] Friday, N., *op. cit.*

No debe de ser fácil llevar a la práctica la máxima de que el *amor bueno* es el que consigue que el proceso de individuación se corone con éxito.

Urge seguir investigando, abriendo y proponiendo otros modelos de maternidad, o al menos, hacer una profunda revisión de los ya existentes. Abandonar la culpa y el ideal de perfección, por supuesto; relevar a las madres de su responsabilidad interplanetaria; incidir en la educación en igualdad, en la coeducación y en la corresponsabilidad, claro; pero también otorgarle a los cuidados la utilidad que tienen.

En esta época de la tiranía de lo productivo (¿acaso los cuidados no lo son?), parecemos estar atravesando una crisis de los cuidados que corre el riesgo de seguir ignorando lo provechoso de estos y hacer tambalear aún más toda la temática aquí abordada. Darle prestigio a los cuidados, no pisotearlos ni arrinconarlos en la más oscura de las esquinas favorecería un maternaje más consciente, más apreciado y, aunque pueda aparentar lo contrario, más libre. Pero tampoco se trata de transmitirlos en la cadena madre-hija convirtiendo a nuestras hijas, por defecto, en cuidadoras. Si no de que desde ese lugar menos contaminado y más estimado socialmente, probablemente lo construido tendría menos peligrosos recovecos en los que quedarse atrapada. Porque entre la demonización de la maternidad como un lastre esclavizante, la filosofía individualista, ultracapitalista y hedonista de no poder, ni deber renunciar a absolutamente nada por la crianza y la idea de que procrear es puro narcisismo, la maternidad se ha vuelto un asunto que, en según qué entornos, resulta difícil de defender y, a la postre, de llevar a cabo. Y aquí es donde aparece la cada vez más extendida contratación de los cuidados como respuesta a todas esas disyuntivas. Una externalización que acabará acuñando un modelo de sumidero de los cuidados en el que nadie quiera hacerse cargo. Quizá la solución pase por empezar a valorar la maternidad, incluirla en el espacio público y plantearla como opción vital y no como destino de toda mujer en sus cabales. Se podría hablar largo y tendido de la falta de un reparto igualitario de los cuidados, de la ausencia de una responsabilidad social y colectiva de los mismos, de la contratación de estos por parte de las clases media y altas y de la invisibilidad, feminización, desprotección y desvalorización de este trabajo que acaba sosteniéndose en estructuras de desigualdad[7]. Pero, aunque influye y contamina y se retroalimenta en lo aquí expuesto, el tema se escapa del propósito de este libro. Lo que es evidente es que nosotras hemos cambiado, nos hemos incorporado al mercado laboral, pero este no parece haberse adaptado con mucha cintura a los nuevos tiempos. Es lo que se ha dado en llamar la «revolución estancada»[8] y que parece haber acabado definitivamente con la posibilidad de «vivir social y públicamente la maternidad, es decir, de atender personalmente al bebé y al mismo tiempo hacer otras cosas que también nos preocupan o interesan, incluido, por qué no, el llamado "trabajo productivo"»[9].

Lo que queda

También olvidarse de las viejas cuentas, admitir las imperfecciones, abrazar los errores y entender que las equivocaciones

[7] Agirre, A., «Negociaciones de pareja: los trabajos domésticos, la crianza y la construcción de la maternidad y la paternidad», *Papeles del CEIC*, Universidad del País Vasco / Euskal Herriko Unibertsitatea, 2016.
[8] Hochschild, A. R., *op. cit.*
[9] Del Olmo, C., *op. cit.*

son parte de todo esto, sea lo que sea, es bastante liberador. Lo contrario es sinónimo de parálisis. Acaba su libro Winterson refiriéndose a su madre como: «Era un monstruo, pero era mi monstruo»[10]. Igual en saber mirar al monstruo y reconocer sus bondades está el truco.

«Mi madre tiene algunos puntos muy cañeros, muy simpáticos y divertidos. Es muy vitalista y disfrutona. Siempre me ha dicho que no se puede vivir con tanta insatisfacción, lo cual agradezco». «De ella he heredado su extrema sensibilidad ante el mundo. Es una persona muy sensible, muy sentida y muy bondadosa». «Recuerdo su ritual en la vestimenta con esa elegancia que desprendía y que quizá se me ha trasladado a mí». «La admiraba porque la veía muy fuerte». «Si tengo que representármela en la memoria, me viene nítidamente el recuerdo de su olor». «Mi madre me ha inculcado su desprendimiento». «De mi madre tengo la generosidad, ser cuidadora pero sin ser invasiva y su facilidad para las relaciones sociales. Era una persona extremadamente social». «Mi madre siempre ha tenido un sentido de la estética alucinante. Crecer viendo eso es un privilegio». «Mi madre es atenta y dadivosa. Y tiene mucha fuerza. Puede salir de cualquier situación». «Mi madre es superinteligente. De ella he heredado el gusto por la conversación y el debate». «Mi madre siempre ha sido muy cariñosa con nosotras. Nos comía a besos cuando nos cruzábamos por el pasillo. A fecha de hoy, le falta poco para ponernos en su regazo». «Mi madre solía tener un lado muy lúdico. Se inventaba juegos, cuentos... Nos hacía disfraces. Tenía la capacidad de convertir casi cualquier actividad cotidiana en algo mágico.

[10] Winterson, J., *op. cit.*

Estoy segura de que el hecho de tener una imaginación poderosa se la debo a ella». «Mi madre es una genia. Ha conseguido salir de situaciones dificilísimas». «A su manera, a veces un poco torpe, yo sé que me quiere muchísimo. Ahora lo noto en gestos que igual antes se me pasaban por alto, detalles como prepararme siempre la comida que más me gusta. Es su manera de decirme que me quiere». «Imagino que mi sentido del humor —que me ha venido siempre tan bien— es herencia suya». «Nunca nos educó de manera sexista. Ni siquiera de muy pequeñas. Ni juguetes de niña, ni cosas o colores asociados al hecho de ser chicas. Ahora lo pienso y no solo lo agradezco, sino que me parece algo bastante inusual para la época». «Siempre he sentido mucha admiración hacia mi madre».

Dice Winterson: «El Perdón redime el pasado. El Perdón desbloquea el futuro»[11]. Parece una afirmación de esas exasperantemente bienintencionadas, pero, si se piensa bien, igual merece tomarse en consideración.

Y todo esto sin perder de vista que convendría distanciarse de una vez para siempre de la glorificación de la figura materna, por muy seductora que resulte. Que ya sabemos dónde nos lleva semejante utopía… Igual seguir cebando cierto infantilismo y seguir alimentando la historia de amor total con la madre debería empezar a sonarnos tan pocho como lo es en la práctica. Esa identificación plena y absoluta con la figura maternal, lejos de ser un ideal al que aspirar, tendría que ser un ensueño del que huir. Puede que como material artístico la búsqueda constante y romantizada de la madre sea imbatible. Pero para vivirla, la historia es otra bien distinta. O debería serlo.

[11] Winterson, J., *op. cit.*

El duelo

> Pero,
> lo confieso,
> la muerte de mi madre me hizo más libre.
>
> (De *La muerte de mi madre me hizo más libre*
> de Mari Luz Esteban).

Y llega la muerte. Y entonces, ¿qué? ¿Cómo se sobrevive al fallecimiento cuando se ha vivido en fusión, cuando la individuación nunca se llegó a producir del todo? ¿Cómo se sobrelleva la desaparición de una madre con todo ese peso que la rodeaba? ¿Dónde colocar todo ese terremoto en la historia de una relación tan poco simétrica? ¿Qué sucede cuando la omnipotencia maternal, de repente, ya no te envuelve? ¿Cómo asimilar que nuestras posiciones generacionales saltan por los aires? ¿Qué hacer con toda esa memoria histórica de la que ella, de alguna manera, era nuestra depositaria? ¿Cómo admitir que ya no va a haber nadie que se preocupe por ti casi por defecto? La muerte, en el caso de una madre, adquiere la categoría de abandono. O, al menos, así se vive en muchas ocasiones.

> No me dejes, todavía no. No estoy preparada y quizá no lo esté nunca[12].

Es curioso cómo la película *Cría cuervos* (Carlos Saura, 1976), analizada bajo el prisma que nos ocupa, funciona como un riguroso artefacto para ilustrar mucho de lo expuesto en este libro. Desde la unión madre-hija a la educación de las niñas

[12] Akerman, C., *op. cit.*

como futuras *mujercitas de su casa*, pasando por lo que suponía ser madres en aquella época. «Mi madre abandonó definitivamente el piano para dedicarse en cuerpo y alma a sus hijas. A nosotras. Y yo creo que siempre le quedó la añoranza de aquella época y el resquemor de haber abandonado una profesión que podría haber sido liberadora para ella». Obligación, renuncia, soledad y enfado. Un enfado que aquí se manifiesta en dolor y muerte. En esa cosa tan sauriana del juego de espejos, la simbiosis madre-hija aparece perfilada casi en cada secuencia. La niña Ana (sobrecogedora Ana Torrent) aparece como un reflejo exacto de la madre Ana (Geraldine Chaplin). Así, aborrecerá a su padre por considerarle el culpable de los males y fallecimiento de su madre. A la manera tan delicadamente simbólica propia de Saura se representará a esta hija como la portadora-heredera del dolor materno. En el relato del duelo materno que es *Cría cuervos* se ejemplifica la imposibilidad de trascender esa muerte por haber quedado la hija indisolublemente asociada a la figura maternal que se fue. En la película puede tener sentido (la niña queda huérfana de su madre a una edad temprana y nunca se restablecerá de esa falta, de esa ausencia sobrevenida de madre), pero hay casos adultos en los que el proceso es el mismo y la incapacidad de superar el duelo, exacta. En el transcurso de la película, la niña Ana invocará de distintas maneras a la mamá Ana. Rememorará el dolor de la madre moribunda a través de su implorante letanía —«me quiero morir, me quiero morir»— y será tan suya esa súplica que será la niña Ana quien susurre antes de dormirse «me quiero morir, me quiero morir». Y todos esos recuerdos, toda esa historia pasada será contada por la hija Ana ya adulta con la voz y el rostro de la madre Ana ya fallecida. No hay fronteras, no hay límites, no hay diferencias. Madre e hija fundidas y confundidas de por vida. Más allá, incluso, de la separación inevitable. La muerte.

«No estará ya nunca más en ningún lugar en el mundo». Esta frase pertenece a *Una mujer* de Annie Ernaux, un libro en el que Ernaux sintió la necesidad de contar sobre esa mujer que fue su progenitora: «Para mí, mi madre no ha tenido historia. Siempre ha estado ahí». «Es como si, ahora, escribiera sobre mi madre, para a mi vez, ponerla en el mundo»[13]. Curioso ese imperativo creativo de reclamar la mujer que fue su madre y que nadie vio, quizá ni siquiera ella.

La madre de Ernaux vivió sus dos últimos años en la niebla de una enfermedad mental que la desdibujó. Y aquí la escritora hurga, sin recato, en ese lugar prohibido al que nadie quiere mirar de frente y que no es tanto la muerte, que también, sino la decrepitud física y mental, el envejecimiento, la transformación de tu madre todopoderosa en una niña desvalida. Hay algo insondable en presenciar el proceso por el cual aquella (o aquel) que te protegió es ahora la persona más débil. Como dice Barthes: «[Confusión de las funciones.] Durante meses, fui su madre. Es como si hubiera perdido a mi hija (¿hay dolor mayor? No había pensado en eso)»[14]. Un estado que no es sino la antesala de la separación definitiva, de la pérdida real. Una fase para la que no nos han preparado y que requiere de una paciencia y de una valentía de las que, en ocasiones, carecemos. «No quería que volviera a ser una niña pequeña, no tenía "derecho"»[15]. En cierto modo, la muerte de una madre se vive como la desaparición de nuestra propia infancia

[13] Ernaux, A., *op. cit.*
[14] Barthes, R., *Diario de duelo: 26 de octubre de 1977-15 de septiembre de 1979*, Siglo XXI, 2009.
[15] Ernaux, A., *op. cit.*

y como la pérdida de nuestra propia continuidad: «Es ella, sus palabras, sus manos, sus gestos, su manera de reír y de caminar los que unían la mujer que soy a la niña que fui. He perdido el último vínculo con el mundo del que provengo»[16].

También De Beauvoir, en *Una muerte muy dulce* (1968), miró de frente esa realidad en la que se esfuma lo que siempre ha estado. «Para mí, mi madre siempre había existido y nunca pensé seriamente en que un día la vería desaparecer. Su final se situaba, al igual que su nacimiento, en un tiempo mítico. Cuando me decía: tiene la edad de morir, eran palabras vacías, como tantas otras»[17]. Una realidad que simplemente se impone y que, a veces e inevitablemente, reactiva aquello que se creía ya superado. «Nuestra antigua relación sobrevivía en mí bajo esa doble figura: una dependencia querida y detestada. [...] La "mamá querida" de mis diez años ya no se distingue de la mujer hostil que oprimió mi adolescencia: las he llorado a las dos llorando a mi madre. La tristeza de nuestro fracaso, de la que pensé haber escapado, me ha vuelto al corazón»[18].

> Ahora, a toro pasado, me habría gustado hacer algunas cosas de otra manera, pero en aquel momento no pude. Me habría gustado tener otras herramientas. Pero no creo haber sido injusta, no podía hacerlo de otra manera. Como hija me pregunto «¿qué madre estaba esperando?» y ahí sí puedo sentirme culpable porque sí que deseaba un tipo muy concreto de madre.
>
> Rosa, 48 años, sin hijos, tres hermanas y un hermano.
> Madre fallecida.

[16] Ernaux, A., *op. cit.*
[17] De Beauvoir, S., *op. cit.,* 1964.
[18] De Beauvoir, S., *op. cit.,* 1964.

La muerte de mi madre me ha hecho recolocar las cosas. He aprendido y he sacado una enseñanza. Y es que quizá podía haberme centrado en lo bueno, o al menos haberlo mirado con más atención. Y no digo esto desde la culpa. No me siento culpable. Ni siquiera creo que la esté idealizando. Es una cuestión de foco, de dónde ponerlo. Tenía un montón de virtudes. Me hubiera gustado ser un poco más comprensiva, menos tajante y más generosa. Haber encontrado ese caminito intermedio que ni a ella, ni a mí nos satisfacía del todo, pero que habría sido más ecuánime y fácil de transitar. Y también eso me habría ayudado a comportarme como una adulta serena y no como una niña enrabietada que acaba entrando en la guerra a piñón. Porque ahora, haciendo balance, veo que lo malo comparado con lo bueno era infinitamente poco. Y yo me centré en lo malo y me comporté como una niña.

Manuela, 46 años, sin hijos, un hermano. Madre fallecida.

No puedo evitar pensar en qué pasará cuando ella no esté, cómo me sentiré. Es algo que ha ido cambiando con el tiempo. Hace años, no era capaz de lidiar con ello. La sola idea me parecía imposible. Un mundo sin mi madre era algo inimaginable para mí. Con el paso del tiempo y gracias a todo el trabajo que he hecho, voy mentalizándome y lo hago con más serenidad. Pero aun así, con tantos altos y bajos que hemos tenido, a veces, me da miedo pensar cómo y dónde se van a ubicar todo ese amor, todas esas frustraciones y todos esos desencuentros…

Alejandra, 48 años, sin hijos, tres hermanas.

Ya no nos acordamos de cómo era nuestra madre antes. Ya no nos acordamos de cómo se ha ocupado de nosotros. Ya no

> nos acordamos de que había alegría en casa gracias a ella. Ya no nos acordamos de que venía a buscarnos al colegio, que nos protegía, que se peleaba por nosotros. Ya no nos acordamos.
>
> (De *Ma mère rit* de Chantal Akerman).

Aunque sea incómodo de encarar, convendría no dejarse llevar por un previsible y comprensible sentimentalismo fruto de la idealización de lo que ya no está. Corremos el riesgo, una vez más, de mantenernos encadenadas a la fantasía maternal de lo que pudo ser y no fue. De ahí a engancharnos a su recuerdo y culpabilizarnos por todo aquello que no salió bien hay un paso bien pequeño... «En la melancolía, la tristeza no es del todo sincera, porque la rabia ambivalente contra la "mala madre" de la infancia no está del todo disipada. La pena no puede ser del todo expresada»[1].

> Luego me dije a mí misma que me tenía que preparar. Pero ¿cómo hacerlo? Me tengo que imaginar sin ella. [...] Intentaba simplemente prepararme a la muerte de mi madre[2].
>
> (De *Ma mère rit* de Chantal Akerman).

Fuera de mitificaciones, idealizaciones y perniciosos ejercicios literarios, lo que no es muy discutible es que las madres, las de ahora y las del futuro, seguirán haciéndolo como puedan. Y nosotras, las hijas, las de ahora y las del futuro también seguiremos haciéndolo como buenamente podamos. Lo importante es entender que hicieron, hacemos y harán lo que buenamente pudieron, podemos y podrán. Porque estamos

[1] Friday, N., *op. cit.*
[2] Akerman, C., *op. cit.*

todas, ellas y nosotras, en un contexto que tampoco ayuda especialmente a que todo esto se desarrolle de la mejor manera. Y mientras ese contexto se encarrila habrá que hacer de lo recibido la mejor de las herencias. Un trabajo que dura toda la vida. Y que, en muchas ocasiones, se quedará a medias. Por el camino, renunciar a las expectativas, dejar de moverse en los absolutos, huir de la trampa de las generalizaciones y despedirse de las dictaduras de los apegos.

Porque ¿cuántas veces hemos escuchado aquello de «no es normal que una madre haga tal o cual cosa»? ¿Cuántas veces lo hemos dicho nosotras mismas de nuestras madres? ¿Cuántas veces hemos oído que «no es normal que una hija se comporte de este u otro modo»? ¿Cuántas veces lo hemos pensado de nosotras mismas? Y ¿cuántas de todas esas veces nos hemos parado a pensar qué es en realidad «lo normal»? ¿Quién y qué lo dictamina? Pero, sobre todo, ¿por qué y para qué? Igual lo importante es que, enfrascadas como hemos estado en ciertos delirios de perfección maternofilial nos hemos olvidado de ser. Nosotras. Quizás dejando a un lado nuestra condición de hijas y de madres podamos por fin construirnos como algo más que *seres del amor*. Y decidir así quiénes ser y cómo. Resolviendo nosotras, esta vez sí, nuestras propias incógnitas. Que son y serán muchas. Dije al principio que en este libro iba a haber más preguntas que respuestas, más dudas que certezas y más titubeos que pasos firmes. He cumplido mi palabra. Diría que a rajatabla.

EL DESENLACE

Durante el proceso de escritura he leído mucho. Puede que demasiado. Tanto como para encontrar algunos argumentos que pensaba genuinamente míos ya impresos, ciertas luminarias que me habían cegado por mi supuesta clarividencia ya procesadas. Todo esto me perturbó en los inicios. No fuera a ser… Pero según avanzaba, esa especie de *déjà vu* me pareció tener todo el sentido. Otros, sobre todo otras, ya habían pasado por ahí. Porque era por donde había que hacerlo. Irremediablemente. Habían dejado un camino por el que transitar, sí, pero lo suficientemente personal como para poder trazar el mío. Cada cual lo había hecho a su manera, y casi siempre de un modo tajantemente feroz.

Así, me he ido encontrando una y otra vez con voces que se quitaban con furia la razón las unas a las otras, con hipótesis absolutamente contradictorias, con libros bastante persuasivos que contravenían en todo al anterior volumen que me había leído y me había resultado tan convincente.

Esta falta de contundencia, que en un principio me resultó aterradora y que, confieso, casi me hace zozobrar, se fue convirtiendo, poco a poco, en un lugar no solo acogedoramente cálido, sino también decididamente sensato. No cabía otra manera.

Pasado el primer susto inicial, la indefinición en la que me movía y los bandazos mentales a los que me estaba sometiendo resultaron ser la traslación más adecuada de lo aquí tratado. Un asunto resbaladizo, imposible de cercar del todo, terriblemente polifacético, atrozmente manoseado y tan delicado como intenso. Y quizá ahí radique el secreto. En aceptar toda la escala de desesperantes grises, en admitir que aquí no hay nada verdaderamente concluyente, en abdicar de las certezas. Este viaje es único e irrepetible. Compartirlo, destriparlo, llorarlo y humorizarlo ayuda a hacerlo menos solitario. Y eso ya es mucho.

LAS GRACIAS

Si algo ha resultado este libro que ha cumplido con irritante precisión todo lo esperable en un proceso de escritura[1] (pánico escénico, síndrome de la impostora, insomnio, intentos reiterados de abandono, momentos de lucidez extraordinaria y una viscosa desazón) es el ser pródigo en ayudas externas.

Este texto tiene mucho que agradecer a un buen número de personas y, como la memoria es frágil, el espacio, limitado y la discreción, virtud, aquí va una lista anónima de gratitud. Vosotras (usemos el plural democrático que aquí la mayoría sois mujeres, pero daos todos por incluidos) sabéis quiénes sois.

Gracias a Libros del K.O. por insistirme en que me pusiera con un proyecto que les esbocé hace ya un rato largo y que yo, en mi esquema de cabeza que piensa más que ejecuta, había mandado al apartado de «cosas por hacer». Si no hubiera recibido un mensaje de mi editora a principios de 2022 instándome a retomar aquella idea, este libro, con total seguridad, no existiría.

[1] Por cosas del azar, en los inicios del libro, estaba leyendo *Misery* de Stephen King, autor al que por razones medrosas y, por qué no, de ciertos prejuicios, no había prestado mucha atención hasta ese momento. Debo reconocer que la coincidencia fue absolutamente fabulosa. Compartir con Paul Sheldon (el escritor protagonista de la novela) la zozobra, la soledad, el entusiasmo, el estado de excitación cuando se cree tener algo; la parálisis, los errores y los terrores, los pasos en falso, los desvelos cuando se te aparece en mitad de la madrugada la estructura perfecta para tal o cual parte implícitos en todo proyecto de escritura supuso un apoyo tan inesperado como desternillante. Así que, gracias, Stephen.

Gracias a todas las que habéis participado de una u otra manera. Por supuesto, y sobre todo, a las que me habéis contado vuestras historias, habéis compartido pensamientos, intimidades, llantos, risas y alguna que otra ira. Sois increíbles. También, a las que lo habéis hecho en las últimas décadas tejiendo entre todas una historia oral de la hijidad, punto de partida de todo esto. Ha sido emocionante compartir este viaje con vosotras.

Gracias a todas las voces autorizadas que habéis respondido a mis mails y a mis preguntas. Habéis ayudado a armar el libro de razones y a mí de seguridad. También a todas aquellas que habéis denegado mis peticiones por una u otra razón. Incluso saber decir que no es un acto de generosidad.

Gracias a todas las que, en este proceso, me habéis escuchado, apoyado, sostenido, animado o espoleado. A las que os habéis entusiasmado con la idea o me habéis dicho lo que probablemente más me ha servido ante mis espantadas mentales: «hazlo, es un libro necesario». A las que habéis leído los primeros trazos titubeantes o el manuscrito casi entero. A las que habéis ejercido de infalible consultorio gramatical y semántico. A las que os habéis tomado el tiempo de comentar, opinar, argumentar y razonar qué sí y qué un poco menos. A las que me habéis dicho bondades sin las cuales igual no habría sido capaz de sentirme, valga la redundancia, capaz. A las que me habéis pasado canciones, me habéis traído túperes o me habéis buscado películas que no encontraba. A las que me habéis pasado referencias, nombres, contactos o prestado libros. A las que me habéis mandado regalos por correo y dejado mensajes de audio. A las que me habéis preguntado eso de «¿cómo va tu libro?» instándome, sin saberlo, a abandonar el feliz reino de la procrastinación. A las que me habéis consolado, hecho reír, sacado de casa, paseado, cuidado y mimado.

Gracias a mis amigas. Sin vosotras, imposible.

Gracias a mi madre por concederme el don de la mirada crítica y a mis hermanas por hacer de todo esto un camino un poco menos solitario.

Gracias a mi terapeuta. Por tanto.

Gracias, por supuesto, a vosotras (en un plural intuitivamente femenino) que estáis leyendo esto ahora. Ojalá vuestro trayecto haya sido la mitad de valioso de lo que lo ha sido el mío.

Y gracias, ¿por qué no?, a algunos artistas que por razones dichosamente desconocidas se convirtieron en obsesiva banda sonora de todo este proceso. Everything But The Girl, Tim Hecker, Black Sabbath, Grace Jones, The Electric Prunes, Chris Isaak, Cloud One, The Clean, Little Simz, Travesía, Saada Bonaire, Autechre, Kali Malone, Diseño Corbusier, Sibylle Baier…

LAS LECTURAS (ALGUNAS)

Abajo-Llama, S.; Bermant, C.; Cuadrada-Majó, C.; Galaman, C. y Soto-Bermant, L., «Ser madre hoy. Abordaje multidisciplinar de la maternidad desde una perspectiva de género», *Musas. Revista de investigación*, Universitat de Barcelona, 2016.

Agirre, A., «Negociaciones de pareja: los trabajos domésticos, la crianza y la construcción de la maternidad y la paternidad», *Papeles del CEIC*, Universidad del País Vasco / Euskal Herriko Unibertsitatea, 2016.

Akerman, Ch., *Ma mère rit*, París, Gallimard, [2004] 2021.

Barthes, R., *Diario de duelo: 26 de octubre de 1977 - 15 de septiembre de 1979*, Madrid, Siglo XXI de España, 2009.

Bechdel, A., *¿Eres mi madre? Un drama cómico*, Barcelona, Reservoir Books, 2012.

Bogino Larrambebere, M., «Maternidades en tensión. Entre la maternidad hegemónica, otras maternidades y no-maternidades», *Investigaciones Feministas* vol. 11, n.º 1, Ediciones Complutense, 2020.

Bou, N., *Diosas y tumbas. Mitos femeninos en el cine de Hollywood*, Barcelona, Icaria, 2006.

Bou, N. y Pérez, X., *El deseo femenino en el cine español (1939-1975)*, Madrid, Ediciones Cátedra, 2022.

Braier, E., «Las heridas narcisistas en el trauma psíquico temprano. Teoría y clínica», *Intercambios, papeles de psicoanálisis / Intercanvis, papers de psicoanàlisi* n.º 6, 2001, pp. 21-24.

Cadoche, E. y De Montarlot, A., *La rivalidad femenina y cómo acabar con ella*, Barcelona, Ediciones Península, 2023.

Chollet, M., *Sorcières. La puissance invaincue des femmes*, París, Zone, 2018.

Cohen, A., *Le livre de ma mère*, Folio, 1974.

De Beauvoir, S., *Une mort très douce*, París, Gallimard, [1964] 2000.

De Beauvoir, S., *El segundo sexo. Volumen II. La experiencia vivida*, Madrid, 1.ª ed., Ediciones Cátedra, 2001.

De Naverán, I., *Ritual de duelo*, Bilbao, 1.ª ed., Consonni, 2022.

De Villena, L. A., *Mamá*, Madrid, Cabaret Voltaire, 2018.

Del Olmo, C., *¿Dónde está mi tribu?*, Madrid, 12.ª ed., Clave Intelectual, [2013] 2019.

Donath, O., *#madres arrepentidas*, Barcelona, 2.ª ed., Reservoir Books, 2016.

Eliacheff, C. y Heinich, N., *Méres-filles, une relation à trois*, Albin Michel, 2002.

Ernaux, A., *Une femme*, París, Gallimard, 1987.

Estebán, M. L., *Crítica del pensamiento amoroso*, Barcelona, Bellaterra, 2011.

Estebán, M. L., *La muerte de mi madre me hizo más libre*, Madrid, La Oveja Roja, 2017.

Eyer, D., *Vinculación madre-hijo. Una ficción científica*, Barcelona, Herder, 1995.

Ferrante, E., *Crónicas del desamor*, Barcelona, 1.ª ed., Lumen, 2015.

Foucault, M., *Historia de la sexualidad 2. El uso de los placeres*, Madrid, Siglo XXI de España, 2019.

Freixas, L. (ed.), *Madres e hijas*, Barcelona, 4.ª ed., Anagrama, 1996.

Friday, N., *Ma mère, mon miroir*, París, Éditions Robert Laffont, 1979.

Friedan, B., *La mística de la feminidad*, Madrid, Ediciones Cátedra, 2009.

Gálvez Muñoz, L. y Rodríguez Modroño, P., «El empleo de las mujeres en la España democrática y el impacto de la Gran recesión», *Áreas. Revista Internacional de Ciencias Sociales*, n.º 32, diciembre de 2013. Universidad de Murcia, 2013, pp. 105-23.

García Puig, M., *La historia de los vertebrados*, Literatura Random House, 2023.

González de Chávez Fernández, M. A., *Mujeres y hombres, identidad y conflictos*, Madrid, Ed. Biblioteca Nueva, 2015.

Gornick, V., *Apegos feroces*, Madrid, Sexto Piso, 2017.

Heti, S., *Maternidad*, Barcelona, 1.ª ed., Lumen, 2019.

Hochschild, A. R. y Machung, A., *La doble jornada. Familias trabajadoras y la revolución en el hogar*, Madrid, Capitán Swing Libros, 2021.

Huxley, A., *La isla*, Barcelona, Edhasa, 1986.

James, O., *Te joden vivo. Cómo sobrevivir a la familia*, Barcelona, Global Rhythm, 2007.

King, S., *Carrie*, Barcelona, Plaza y Janés, 1985.

Lagarde y de los Ríos, M., *Claves feministas para la autoestima de las mujeres*, Madrid, 2.ª ed., Horas y Horas, 2001.

Lagarde y de los Ríos, M., *Mujeres y hombres, identidad y conflictos*, Madrid, 1.ª ed., Horas y Horas, 2005.

Lagarde y de los Ríos, M., *Para mis socias de la vida*, Horas y Horas, 2005.

Lazarre, J., *El nudo materno*, Barcelona, 1.ª ed., Las afueras, [1976] 2018.

Maeterlinck, M., *La inteligencia de las flores*, Gallo Nero, 2022.

Martín Gaite, C., *Usos amorosos de la postguerra española*, Barcelona, 17.ª ed., Anagrama, 2015.

Meruane, L., *Contra los hijos*, Barcelona, 1.ª ed., Penguin Random House, 2018.

Moncó Rebollo, B., «Maternidad ritualizada, un análisis desde la antropología de género», *AIBR: Revista de Antropología Iberoamericana*, 2009.

Monroy, V., *Contra la cinefilia*, Clave Intelectual, 2020.

Ngozi Adichie, Ch., *Querida Ijeawele. Cómo educar en el feminismo*, Literatura Random House, 2017.

Oliveira, Ch. y Retamozo, P., *La revolución feminista en las aulas*, Los Libros de la Catarata, 2022.

Parra, J., *La madre terrible en el cine de terror*, Barcelona, 1.ª ed., Editorial Hermenaute, 2020.

Peinado Rodríguez, M., *Educar para el matrimonio en femenino: modelos y prácticas en la literatura de posguerra*, Universidad de Jaén, 2011.

Peinado Rodríguez, M., *Enseñando a señoritas y sirvientas*, Madrid, 1.ª ed., Los Libros de la Catarata, 2012.

Peinado Rodríguez, M., *Las «solteronas» del franquismo: a la sombra de un estigma*, Universidad de Jaén, 2021.

Peinado Rodríguez, M., *Mujeres en el franquismo: una propuesta didáctica desde la historia oral*, Universidad de Jaén, 2014.

Propp, V., *Morfología del cuento*, Madrid, Akal, 1985.

Rose, J., *Madres. Un ensayo sobre la crueldad y el amor*, Madrid, 1.ª ed., Siruela, 2018.

Schenk, S., *Rápido, tu vida*, Errata Naturae, 2021.

Schwarz, P., *Pensar la maternidad como desafío teórico, histórico y político. Un análisis de las conceptualizaciones de la teoría de género sobre la maternidad*, XXVII Congreso de la Asociación Latinoamericana de Sociología, VIII Jornadas de Sociología de la Universidad de Buenos Aires, Asociación Latinoamericana de Sociología, Buenos Aires, 2009.

Solé, C. y Parella, S., «"Nuevas" expresiones de la maternidad. Las madres con carreras profesionales "exitosas"», *RES, Revista Española de Sociología*, 2004.

Souza, J., *La relación madre-hija y sus efectos de devastación*, Universidad Nacional de Rosario, 2014.

Valls Llobet, C., *Mujeres invisibles*, Barcelona, 1.ª ed., Penguin Random House, 2006.

Winterson, J., *¿Por qué ser feliz cuando puedes ser normal?*, Barcelona, Penguin Random House, 2012.

LAS PELÍCULAS (ALGUNAS)

Akerman, Ch. (1975). *Jeanne Dielman, 23, quai du commerce, 1080 Bruxelles.*

Akerman, Ch. (2015). *No Home Movie.*

Andrews, M.; Chapman, B.; Purcell, S. (2012). *Brave.*

Aster, A. (2018). *Hereditary.*

Baker, S. (2017). *The Florida Project.*

Bergman, I. (1978). *Höstsonaten.*

Castle, W. (1964) *Strait-Jacket.*

Cohen, L. (1974). *It's Alive.*

Cronenberg, D. (1979). *The Brood.*

Cronenberg, D. (1986). *The Fly.*

Cronenberg, D. (1988). *Dead Ringers.*

De Palma, B. (1976). *Carrie.*

Dmytryk, E. (1964). *Where Love Has Gone.*

Doillon, J. (1996). *Ponette.*

Fernán Gómez, F. (1977). *Mi hija Hildegart.*

Francis, F. (1964). *Nightmare.*

Friedkin, W. (1973). *The Exorcist.*

Gainsbourg, Ch. (2021). *Jane par Charlotte.*

Gerwig, G. (2017). *Lady Bird.*

Gordon, B. I. (1966). *Picture Mommy Dead.*

Gordon, S. (1987). *Dolls.*

Gyllenhaal, M. (2021). *The Lost Daughter.*

Harrington, C. (1972). *Whoever Slew Auntie Roo?*

Hitchcock, A. (1960). *Psycho.*

Hitchcock, A. (1964). *Marnie.*

Hogg, J. (2022). *The Eternal Daughter.*

Hovde, E.; Maysles, A.; Maysles, D. (1975). *Grey Gardens.*

Ibáñez Serrador, N. (1969). *La residencia.*

Jóhannsson, V. (2021). *Lamb.*

Loden, B. (1970). *Wanda.*

López Riera, (2022). *El agua.*

Lowell Rich, D. (1966). *Madame X.*

Luna, B. (1987). *Angustia.*

Lynch, D. (1990-1991). *Twin Peaks.*

Lynch, D. (1990). *Wild at Heart.*

Mandico, B. (2021). *After Blue (Paradis sale).*

Menkes, N. (2022). *Brainwashed: Sex-Camera-Power.*

Mysius, L. (2022). *Les cinq diables.*

Neame, R. (1964). *The Chalk Garden.*

Palomero, P. (2022). *La maternal.*

Perry, F. (1981). *Mommie Dearest.*

Polanski, R. (1969). *Rosemary's Baby.*

Rico, C. (2018). *Viaje al cuarto de una madre.*

Ruiz de Azúa. (2022). *Cinco lobitos.*

Salgot, J. A. (1980). *Mater amatísima.*

Saura. C. (1976). *Cría cuervos.*

Schnitzer, R. A. (1975). *The Premonition.*

Sciamma, C. (2021). *Petite maman.*

Selick, H. (2009). *Coraline.*

Shi, D. (2022). *Red.*

Sidney, G. (1963). *Bye Bye Birdie.*

Sirk, D. (1965). *All That Heaven Allows.*

Sirk, D. (1959). *Imitation of life.*

Trần, A. H. (2000). *Mùa hè chieu thang dung.*

Varda, A. (1975). *Réponse de femmes: Notre corps, notre sexe.*

Varda, A. (1988). *Kung-fu Master!*

West, T. (2022). *Pearl.*

Wyler, W. (1951). *The Heiress.*